地理来了 ①

学科阅读推广工程

甄鸿启 主编

本 册 主 编：舒德全　耿红君
编 写 人 员：任淑珍　刘亚男　赵光同
　　　　　　窦金潭　赵国瑞　张海荷
　　　　　　刘彬国　董爱荣

山东城市出版传媒集团·济南出版社

图书在版编目（CIP）数据

地理来了. 1 / 甄鸿启主编. — 济南：济南出版社，2018.1

ISBN 978-7-5488-2968-3

Ⅰ.①地… Ⅱ.①甄… Ⅲ.①中学地理课–初中–教学参考资料 Ⅳ.①G634.553

中国版本图书馆 CIP 数据核字（2018）第 004745 号

本书部分文字与图片作者无法取得联系，在此深表歉意。敬请作者及时与我们联系，我们将按国家有关规定支付稿酬并赠送样书。联系电话：0531-86131713

出 版 人	崔　刚
项目策划	周家亮
责任编辑	王小曼
封面设计	胡大伟
出版发行	济南出版社
地　　址	山东省济南市二环南路1号（250002）
发行热线	0531-86922073（省内）　0531-67817923（省外）
印　　刷	肥城新华印刷有限公司
版　　次	2018年1月第1版
印　　次	2018年8月第1次印刷
成品尺寸	170mm×240mm　16开
印　　张	8.25
字　　数	123千
定　　价	32.00元

（济南版图书，如有印装错误，请与出版社联系调换。联系电话：0531-86131736）

以阅读拓展地理课堂　用阅读提升学科素养

（代序）

　　面对一幅幅地图，你是否产生过造物主般坐拥世界的激昂？阅读一篇篇游记，你可曾生发出身临其境般美妙的心灵悸动？这个世界很大，大到我们需要用一生去游历；这个世界很小，小到一本书就足以囊括所有的美好。

　　近年来，学科阅读的概念越来越受到重视。以教材为起点，引入丰富的相关文本，拉近课堂与课外的距离，拉近阅读与学习的距离，能使课堂变得更富有张力和活力，形成对课堂的深度学习，构建起学科思维和学科素养，并进一步拓宽学科视野与探究能力。

　　在此背景下，我们经过深入调查研究，认真总结分析，反思教材，反思教学，组织力量编写了这套《地理来了》。旨在引领初中生品读自然、感悟人文：读自然，就是品味世界的山水草木、风霜雨雪；读人文，就是感悟世界的文化民俗、发展历程。自然与人文体现着地理学的差异与综合，读地理，就是认识我们生活的世界。

　　《地理来了》的选材源于生活，又不仅限于生活；欣赏自然，又不满足于欣赏。它针对我们生活的方方面面，运用地理视角呈现自然与人文景观、文化和民俗特色，探究已知地理规律的运作原理，揭秘未知地理奇观的前世今生，在承继教材脉络、引申无限探索的同时，为地理学习备足了独立思考、拓展延伸的发散空间。

　　苏霍姆林斯基曾说过："让学生变聪明的方法，不是补课，不是增加作业量，而是阅读，阅读，再阅读。"相信聪明的您一定能从这套《地理来了》的阅读中，感受到地理学科的丰富多彩、生动有趣，让自己的地理学习之旅走得更有效、更坚实、更宽广。

目 录

一 地理这些事儿
前世今生 …………………………………………… 1
迷信还是科学 ……………………………………… 2
从科幻到现实 ……………………………………… 5

二 地球知多少
地球的诞生之谜 …………………………………… 8
生命的唯一领地 …………………………………… 10
只有一个地球 ……………………………………… 13

三 探寻时间的秘密
给时间画上刻度 …………………………………… 16
寸"经"寸光阴 …………………………………… 19
维多利亚失踪的时间 ……………………………… 21

四 不要问我太阳有多高
"两小儿辩日"新解 ……………………………… 24
向日葵型太阳能 …………………………………… 25
"握手楼"的苦恼 ………………………………… 27

五 天"络"地网，图"谋"天下
神秘的北纬30度 …………………………………… 30
100颗念珠的秘密 ………………………………… 32
世界地图隐瞒了什么？…………………………… 35

六　大洋中的那些地儿
"脱水"后地球的形状 …………………………………… 37
神秘的大洋中脊 ………………………………………… 39
马里亚纳海沟传奇 ……………………………………… 40

七　让我看看你的脸
千姿百态的地球素描 …………………………………… 44
珠穆朗玛峰究竟能长多高 ……………………………… 46
绝美的天造之城——"魔鬼城" ………………………… 48

八　沙本无罪
寻沙记 …………………………………………………… 51
沙尘的功劳 ……………………………………………… 54
无法根治的沙尘暴 ……………………………………… 56

九　朝代兴衰的幕后推手
朝代之终结，天作孽？ ………………………………… 59
气候毁了古文明？ ……………………………………… 61
被天气驱动的"一代天骄" ……………………………… 64

十　全球变暖，祸兮福兮
图瓦卢的悲剧 …………………………………………… 67
航道解冻，谁主沉浮 …………………………………… 69
北极霸主，路在何方 …………………………………… 71

十一　上帝的"双胞胎"
神秘的"圣婴" …………………………………………… 74
不大温顺的"小女孩" …………………………………… 76
破灭的极地梦 …………………………………………… 77

十二　"河"去"河"从
地球上的生命动脉 ……………………………………… 81

　　　　泛滥未必等于灾难 ································· 83
　　　　"伟大"造就的绝望 ······························· 84

十三　人口迁移
　　　　罪恶的"三角贸易" ······························· 87
　　　　美国西进运动 ····································· 89
　　　　寻根大槐树 ······································· 90

十四　人种肤色密码
　　　　人种与地理环境 ··································· 93
　　　　蓝色人种之谜 ····································· 95
　　　　印度人是何人种？ ································· 96

十五　语言的魅力
　　　　二战"风语者" ··································· 99
　　　　印度有两种"普通话" ····························· 101
　　　　语言问题困扰瑞士 ································· 102

十六　民居本天成
　　　　气候与民居 ······································· 105
　　　　小桥、流水、人家 ································· 108
　　　　信仰的烙印 ······································· 109

十七　舌尖上的地理
　　　　中国饮食文化 ····································· 112
　　　　日本饮食文化 ····································· 113
　　　　英国人的饮食习惯 ································· 116

十八　地球村里故事多
　　　　世界上稀奇古怪的国家 ····························· 119
　　　　非洲的穷和欧洲的富 ······························· 121
　　　　"一带一路" ····································· 122

一　地理这些事儿

仰望苍穹，繁星闪烁，你是否会问我在哪里？

穿行山河，江山多娇，你是否会惊叹大自然的鬼斧神工？

风水勘察，命理测算，是迷信，还是科学？

"上知天文，下知地理。"地理是什么？它从何处来？它经历了怎样的发展历程？它又将走向何方呢？

主题阅读

前世今生

我们生活在一个复杂的地理环境中，身边一直发生着一些自然现象和人文现象，这些现象之间有着错综复杂的关系，地理学就是研究这些现象及其关系的学科。地理学既古老又年轻，在发展过程中，明显地形成了古代地理学、近代地理学和现代地理学三个时期。

从远古至18世纪末，是古代地理学时期。古代地理学以描述性地记载地理知识为主，其中中国和古希腊的成果最为显著。

在中国，"地理"一词最早出现于公元前4世纪，《易经·系辞》里便有"仰以观于天文，俯以察于地理"的文句。东汉思想家王充对天文、地理也有相当深入的研究，他解释道："天有日月星辰谓之文，地有山川陵谷谓之理。"中国的《尚书·禹贡》《管子·地员》《山海经》《水经注》等都是世界上比较早的地理学著作。其中，《尚书·禹贡》以自然地理实体（如山脉、河流等）为标志，将全国划分为9个区，即我们通常说的"九州"：冀州、兖州、青州、徐州、扬州、荆州、豫州、梁州、雍州，并对每个区（州）的疆域、山脉、河流、植被、土壤、物产、贡赋、民族、交通等自然和人文地理现象，做了简要描述。

在西方，古希腊的地理学家、天文学家埃拉托色尼于公元前2世纪创立了"地理学"一词。他的两部代表著作《地球大小的修正》和《地理学概论》集中反映了他在地理学方面的杰出贡献。《地球大小的修正》论述了地球的形状，并创立了测算地球圆周的科学方法，其精确程度令人惊叹。《地理学概论》一书致力于研究有人居住的世界，系统地提出了采用经纬网格编绘世界地图的方法，全面地改绘了爱奥尼亚地图。埃拉托色尼以精确的测量为依据，将得到的所有天文学和测地学的成果尽量结合起来，因此他所编绘的世界地图不仅在当时具有权威性，而且成为其后一切古代地图的基础。

埃拉托色尼

从19世纪初到20世纪50年代，是近代地理学时期。近代地理学形成的标志是德国洪堡的《宇宙》和李特尔的《地学通论》两书的问世。这一时期，各种学说纷起，学派林立。地理学的各部门学科几乎都在这个时期出现和建立，如自然地理学、植物地理学、地貌学、气候学、动物地理学、土壤地理学、人文地理学等。

从20世纪60年代至今，是现代地理学时期。现代地理学是现代科学技术革命的产物，并随着科学技术的进步而发展，其标志是地理数量方法、理论地理学的诞生和计算机制图、地理信息系统、卫星等应用的出现。

随着科学技术的进步、各国各地区经济开发和建设以及环境管理和保护的需要，地理学科的内容和结构也随之发生变化，地理学已经成为拥有坚实应用理论的基础性学科和与生产实际紧密联系的应用性学科。

迷信还是科学

近年来，风水学盛行，从日常的谈资到居家的布局，从影视作品到文学著作，多多少少都有涉及。它是迷信吗？但我们不能否认它在建筑等方面与地理科学有着密切的联系。它们之间到底有哪些渊源呢？

风水，有观天象、察地理之意，因此风水学也有一个别称，叫"地理"。除魏晋时期风水名作《管氏地理指蒙》外，《地理铅弹子》《地理五诀》《地理啖蔗录》等清代古籍都属于风水著作。由此可见，风水与地理学联系密切。

故宫俯瞰

传统的风水学是从相地术、对山川形态的崇拜和迷信中发展起来的。风水学的地理学基础主要体现在7个方面，即地形、水文、气象气候、土壤、生物、探矿、地图。这些方面蕴藏着大量的自然地理知识，使风水具有一定的科学和实用价值，也是风水学说的根基所在。

以我国传统建筑布局为例，我们可以从中看出风水学中的地理现象和由此体现的一些规律。传统建筑的修建都需充分考虑当地自然环境，以达到因地制宜、合理布局的目的。房屋宅基地的选择就是传统所说的选风水。

我国古代帝王宫殿最讲究风水，大都坐北朝南，以北为尊，帝王面南接受朝臣的拜见。在古代，阴阳可表方位，山南水北为阳，山北水南为阴。从地理学角度看，背山面南而建的宫殿，房屋向阳，"风水"旺。这是因为我国是一个北半球国家，绝大部分位于北回归线以北，背山面南而建的房屋采光条件好。另外，我国冬季盛行偏北风（冬季风），有后墙阻挡且背靠山丘，风不易进入屋内；夏季盛行偏南风（夏季风），却能给民居带来阵阵凉爽。这样的朝向能使房屋冬暖夏凉，家庭成员受疾病困扰少，身体健康，家庭蒸蒸日上，兴旺发达。这样的地方自然就是"好风水"。

但并不是所有地方的房屋都坐北朝南，有些地方受自然条件的限制，坐西向东也是不错的选择。"紫气东来"说明坐西朝东的房屋采光条件良好。一般来说，上午的阳光比较和煦，而下午的阳光比较毒辣。这种布局可以趋利避害。

好风水环境模式

南方民居通常选址在"山旺人丁水旺财"的背山近水的区域。在风水学中,"后有靠山"可得贵人相助,"前水旺财"可飞黄腾达。究其本质却是,风水学用神秘玄学的外衣,隐藏了地理知识和规律的应用。其一,房屋的选址尽可能背山而靠"龙脉"(龙脉也就是山脊),忌建在山脊。这是为什么呢?因为山脊上往往风力较大,南方多砖瓦房,风力过大,瓦房易受损;而山谷风力相对较小,水源相对丰富,可以找到合适位置挖水井,解决生活用水问题,且山谷三面环山,相对安全。其二,房屋前面有一定面积的水域,如池塘、河流等。这又有何含义呢?在古代,门前有塘,洗菜、洗衣都方便,池塘可种莲养鱼,养鸭鹅,增加收入。与此相反,房屋若背靠山塘,夏季暴雨时,山塘积水可能会对房屋造成很大危害。建在河边的房屋也有讲究,一定要位于河流的凸岸,这与河水对两岸侵蚀的程度相关,河流的凸岸沉积作用大于冲刷作用,地基稳定,适宜建房,且沉积岸一侧水域较浅,河岸平缓,便于取水。假如一马平川的平原地区,人们可以自己创造风水:在民居左右两侧及后面种植风景林,调节局部小气候,达到冬季阻挡风寒,夏季凉爽、空气清新的目的。

甚至风水学中有关风水对人的命运前途的影响也可以从地理的角度加以科学的解释。风水学中所说:"房屋门前五条杠('杠'指鞍部或一列山脉),不出王侯出将相。"从地理视角看,自房屋正门向前看,由近及远有多条山脉横亘在眼前，重峦叠嶂，喻意步步高升，这其实是视野的问题。一个人的成长过程中，周围的环境对一个人的影响很大。北方人粗犷、直率，南方人委婉、温柔，这都与自然环境密切相关。例如，一个人从小就生活在一个视野开阔的环境中，接触的事物多，心中的理想可能会比别人高。为了实现理想，他就会努力奋斗，成为"王侯""将相"就不是没有可能。

当我们用科学的态度去研究风水，风水学就会少一分玄学的神秘，多一分科学的理性，我们就能在不断挖掘古人智慧和文化的基础上取其精华，去其糟粕，更好地利用自然、适应自然。

从科幻到现实

一位学生走进了某科技馆的数字地球陈列室。他戴上头盔显示器，看到了出现在空中的地球。使用"数据手套"，他开始放大景物，随着分辨率的增大，他会依次看到大洲、区域、国家、城市、房屋、树木以及其他各种自然和人造物体。当他发现自己特别感兴趣的某个地方时，可以乘上"魔毯"，通过地面三维图像去深入查看。当然，这个地方的信息只是他可以了解的多种信息中的一种。

这科幻般的场景来自1998年美国副总统戈尔在发表《数字地球：21世纪认识地球的方式》的演讲时的憧憬。现在那些美好的憧憬慢慢变成了现实，因为当地理插上了信息技术的翅膀时，"数字地球"诞生了。

"数字地球"是以真实地理数据为基础，对现实世界的信息进行数字化和虚拟化，形成的虚拟三维地球。"数字地球"的概念提出后，空间信息技术迅猛发展，计算机硬件性能和网络带宽也不断提高，这就促使了"三维地球"软件的出现，并且成为"数字地球"概念的化身。目前，国外的"三维地球"软件有谷歌地球（Google Earth）、微软虚拟地球（Microsoft Virtual Earth）、世界风（World Wind）等，振奋人心的是国内的"三维地球"软件也相继出现。

"数字地球"不仅包括高分辨率的地球卫星图像，还包括数字地图以及经济、社会和人口等方面的信息，它的应用在很大程度上超出我们的想象。

现如今，"数字地球"正在走进我们生活的方方面面。例如，我们出门使用的汽车导航，其内置的天线会接收到环绕地球的卫星传递的数据信息，结合储存在车载导航仪内的电子地图，将卫星信号确定的位置坐标与此相匹配，从而确定汽车在电子地图中的准确位置，这就是平常所说的定位功能。在定位的基础上，可以通过多功能显示器，提供最佳行车路线、前方路况以及最近的加油站、饭店、旅馆等信息，给我们带来了很多方便。

利用"数字地球"还可以进行科学监测与评价。2009年5月11日，汶川地震一周年时，对地观测中心的两架高性能航空遥感飞机飞赴汶川地震灾区，针对灾区环境及灾后重建开展高分辨率光学与雷达遥感科学试验，历时25天，累计飞行23架次，获得大量数据，并结合2008年5月14日—6月9日灾后监测结果进行对比分析。此次天空地一体化的科学实验，不仅验证了2008年的遥感监测成果，而且对典型区域的生态环境风险与现状及灾后重建进行了监测与评价。

利用"数字地球"还可以打破时间和空间的限制，尽情地在"数字地球"上翱翔。例如，在美国的博物馆里便可对法国的卢浮宫做虚拟参观，还可以以这样的参观作为线索，对法国的历史、地理状况做进一步了解。

数字生活、数字减灾、数字历史……"数字地球"正在以超乎我们想象的速度行动着……

拓展提升

地球是人类的家园，地球上的水、土壤、生物、空气等组成了人类赖以生存的生态环境，是维系社会经济发展的基础。人类一直都十分关心自己赖以生存和发展的地球表面的状况，因为人类的每一次进步和发展，都离不开生态环境各要素的"综合支持"。

然而，长期以来，人类为了自己的需求和发展，大量从自然界中获取自然资源，并以征服自然、改造自然为荣，总以为环境应该被人类征服，应该按照人类的意志改变，却不知这给环境造成了多么严重的破坏。全球气候变暖、资源匮乏、物种灭绝、环境污染、土地沙化……全球生态问题的日益突出，不仅对国家的经济、社会、生活形成了挑战，而且直接威胁人类的生存。

人类发展与环境问题将成为新世纪地球系统科学的共同主题，表现在以人地协调发展为目标，以区域为主要研究对象，实现资源、人口、环境、社会、经济的持续发展。

全球十大环境问题

思考：作为地球公民，你可以对地球家园的未来做些什么？

延伸推荐

1.《课本上读不到的地理故事》，李琳编著，华南理工大学出版社2013年；关键词：地理故事，地球。

2.《营造意匠》，程建军著，华南理工大学出版社2014年；关键词：建筑，周易。

3.纪录片《舌尖上的中国》，中国中央电视台2012年；关键词：中国，地理，美食。

二 地球知多少

繁星灿烂的夜晚,仰望苍穹,一道白练般的银河横亘天际,嫦娥奔月的传说、牛郎织女的神话故事令我们遐想。

宇宙浩瀚,地球只是沧海一粟,如今人类早已走向宇宙。回首自己居住已久的家园,你究竟了解多少?追随屈原问天的古音,斗胆问苍天:"苍茫浩宇,地球可有亲朋?"

从尘埃到行星,地球经历了怎样的成长和蜕变?

在宇宙中,还有没有缔造生命奇迹的星球?

主题阅读

地球的诞生之谜

地球是人类的摇篮,几千年来,人类从没有间断过对自己居住的这个星球的探索。经历了漫长的时期,拨开重重迷雾,才逐渐认清了自己的生存位置。

地球的诞生

那么，地球是怎样诞生的呢？

地球的起源问题必然归入太阳系的演化问题，它与物质结构、生命起源问题一起，属于自然科学的三大课题，历来受到人们的重视。翻开古籍和现代报刊，可以看到许多与之有关的古代神话、传说，以及近现代科学在这些方面研究的成果，这是人类在地球起源问题的探索中留下的足迹。

我国是世界最早做天文观测记录的国家之一，在甲骨文中就有了天文事件的记载。产生最早的天文学说是春秋时期的"天圆地方说"，认为"天圆如张盖，地方如棋局"；后来发展成《周髀算经》中的"盖天说"，认为"天象盖笠，地法覆盘"，并说"天离地八万里""冬至之日，虽在外衡，常出极下地上二万里"。

西汉时期落下闳（前140—前87）最早提出"浑天说"。到了东汉时期，张衡（78—139）完成了"浑天说"体系，认为"天地之体，状如鸟卵，天包地外，犹壳之裹黄也；周旋无端，其形浑浑然，故曰浑天也"（《晋书·天文志上》）。

东汉中期，系统的"宣夜说"产生，认为星星并不是固定在一个球壳之上，而是漂浮在虚空之中："天了无质，仰而瞻之，高远无极，眼瞀精绝，故苍苍然也。……日月众星，自然浮生虚空之中，其行其止皆须气焉"（《晋书·天文志上》）。

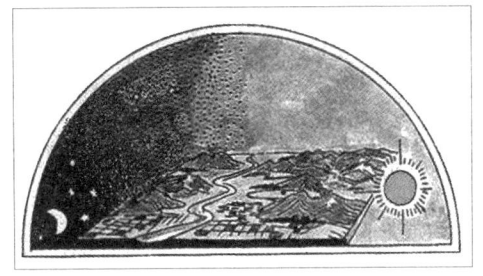

盖天说

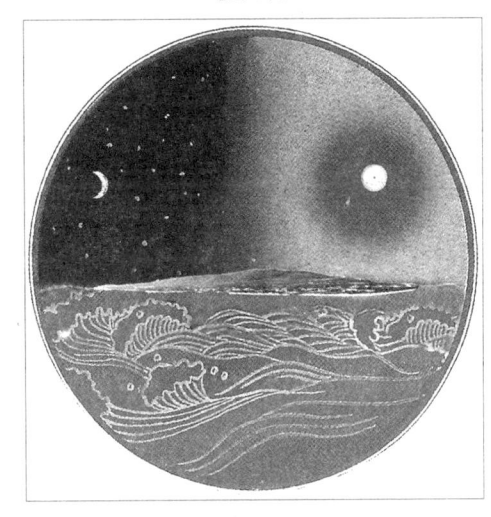

浑天说

盖天、浑天、宣夜说，是中国古代论天体的三家学说，代表了古人对天地的初步认识。

在西方，公元2世纪，以古希腊天文学家、数学家托勒密（90—168）为代表提出了"地心说"，开创了人们对宇宙行星运动规律的认识。1543年，波兰天文学家哥白尼（1473—1543）发表了《天体运行论》，创立了"日心说"，使人类真正发现了太阳系。18世纪以来，随着哥白尼提出日心说、牛顿发现万有引力以及望远镜的发明，太阳系的起源和演化的假说相继提出，有影响的就有40多种。这些假说归纳起来，可以分为四大类：

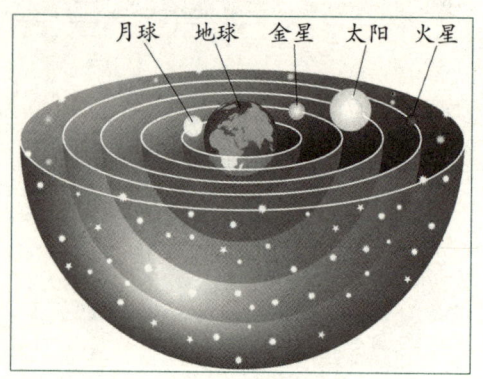

托勒密的地心说

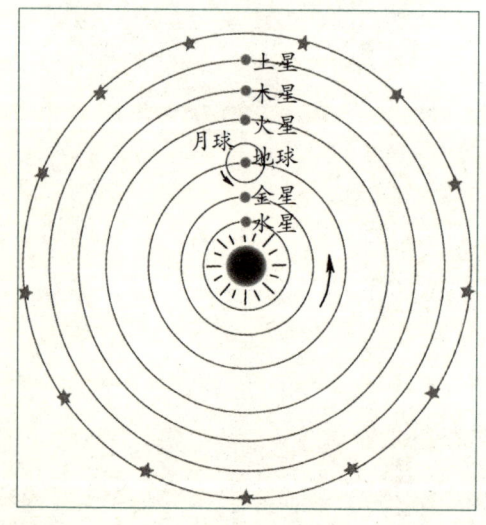

日心说示意图

1. 星云说：认为太阳和行星是由同一星云物质形成的，以德国哲学家康德和法国科学家拉普拉斯为代表。我国大部分天文、地质学家赞同星云说。

2. 俘获说：认为太阳先形成，行星是由太阳在星际空间俘获的星云形成的。由苏联地球物理学家施密特（1891—1956）于1944年提出，但论证的困难是俘获概率极小的问题。

3. 灾变说：认为曾经有一个恒星靠近太阳，它的起潮力使太阳上的一部分物质分离出来形成行星。由英国天文学家金斯提出，是布丰"灾变说"的变种。

4. 双星说：认为太阳系是由一对双星演化而来的，由于两个星的质量不同，演化的进程也就有所差异，主星演化成太阳，另一颗星形成了行星。由英国天文学家霍伊尔（1915—2001）于1946年提出，但在解释已观测到的事实上有不少困难。

在这40多种假说之中，至今还没有一个是完善的，它们都存在着或多或少的解释困难。因此，地球的诞生之谜至今还没有完全揭开，仍须不懈地探索。

生命的唯一领地

无论是冰天雪地的两极，还是烈日炎炎的赤道；无论是浩瀚深远的海

八大行星运行轨道

洋,还是干旱缺水的荒漠;无论是深不可测的地穴,还是海拔高耸的山巅,地球上到处都能寻觅到生命的踪迹。可是,地球上为什么会有生命的存在呢?

首先,地球上存在生命与其所处的外部环境有密切关系,可将其称为外部条件。安全的行星环境是外部条件之一。在太阳系,八大行星围绕太阳的公转有着同向(自西向东)、共面(七大行星的公转轨道与地球黄道面夹角较小)、近圆(公转轨道都是近似正圆的椭圆)的特征,其他众多的小行星也有此共性。因此,在太阳系这个大家族里,大小行星各行其道、互不干扰,这种"秩序"使得地球的行星环境是安全的。稳定的太阳光照是外部条件之二。几十亿年来,太阳总是时时刻刻地将自己二十二亿分之一的太阳辐射洒向地球,稳定的光照除了维持地表温度之外,还有利于绿色植物的光合作用。此外,太阳辐射也是地球上大气和水运动的主要动力。

地球上存在生命还有更为关键的自身条件,可将其称为内部条件,科学家称为"金锁链条件"。温度、大气、水是最为关键的三个"金锁链条件",都与地球的自身特征密切相关,三者之间又紧密联系。

自身条件一:地球表面有适宜的温度

地表平均温度在150℃左右,没有剧烈的昼夜温差。适宜的温度首先得益于适中的日地距离,日地平均距离为1.5亿千米。地球在太阳系的八大行星中,由里向外是第三颗大行星,距离太阳不近也不远。其次,适宜的温度还得益于地球上浓厚的大气层。白天大气层通过吸收、散射和反射作用大大地削弱了太阳辐射,使得地表温度不会过高;夜间,大气层通过大气逆辐射补偿了地面热量的损失,从而使地表温度不会过低。地球上较小的昼夜温差还与地球适中的自转周期有关。23小时56分4秒的自转周期,使得地球上的太阳日为24小时,让白天不至于过长,也不至于过短。另外,地球上有约70%的海洋面积,海洋比热容小,这也是地球上昼夜温差较小的一个重要原因。

自身条件二:地球有适宜的大气层和大气成分

地球上存在适宜的大气层与地球适中的质量、体积有关。适中的质量和体积决定了适宜的行星引力,吸引气体围绕在地表上空形成较为浓厚的大气层。如果质量和体积过小或过大,就不会形成适宜的大气层。而引力过小,大气层会过薄甚至没有,而且那样就会有无数的流星体坠落在地表,岂能有生命的繁衍?再有,过薄或没有大气层使得地球昼夜温差剧烈,不利于生命的存在。如果地球的质量和体积过于庞大,就会形成数倍于现在的超浓密大气层并阻挡阳光到达地表,同时,巨大的气压会压扁一切生命。地球约诞生于46亿年前,初生地球的地壳较薄,地球内部的温度很高,火山活动频繁,喷出的许多气体构成了原始大气。原始大气的主要成分包含有甲烷、氨、氢气、氰化氢、硫化氢、一氧化碳、二氧化碳和水蒸气等,不仅是发展原始生命的最初原料,而且是生命化学进化的最初舞台。

生命诞生

自身条件三：地球上有液态水并形成了原始海洋

原始海洋中的水跟原始大气一样，是由地球内部结晶水汽化产生的。在火山活动中，地球内部的结晶水以蒸汽形态不断喷射出来，使大气中水量逐渐增加。当地表温度下降到100℃以下时，出现了液态水。然后，在地球重力作用下，雨水把存在于大气中的有机物降落并汇成原始海洋，成为生命化学进化的中心，孕育地球原始生命的摇篮。

（作者：高卫东；选自《地理教育》2010年第7—8期）

只有一个地球

地球，是人类赖以生存的家园。数千年来，地球丰富的资源成为人类生存、社会发展的保证。从月球看，我们所生活的地球，是一个闪烁着美丽蓝色光辉的星，是宇宙中一个瑰丽多彩的生命世界。然而曾几何时，慷慨养育人类的地球变得满目疮痍——大气污染、酸雨蔓延、温室效应、臭氧层破坏、土地荒漠化、水资源污染、海洋生态危机、绿色屏障锐减、物种濒危和"三废"污染……

我们只有一个家园，地球的承载力是有限的，地球母亲不是我们随意剥夺的对象，不是我们无止境地汲取财富的源泉，而是与我们生存和发展息息相关的生命共同体。对地球，我们不能一味地去"征服"和"战胜"，而要精心加以保护和照顾，寻求保护地球的有效途径。

一、树立地球保护意识

想要加强地球保护，首先应该树立地球保护意识，具体来说是生存意识、资源意识、环境保护意识等，充分地认识到保护地球和人类生存之间的关系，保护地球就是保护人类自己，不能存在保护地球"多我一个人不多，少我一个人不少"的思想。政府以及相关部门应该加强宣传，强调保护地球的重要性，每一个人都应该承担保护地球的责任，坚持从小事做起、从我做起，通过大家的共同努力，为地球、社会以及自己做出贡献，进而实现地球和人类的和谐、可持续发展。

二、创建保护区

保护区的功能是维系生物多样性、保持水土、涵养水源。规划一定面积土地作为保护生物或者生态环境的区域，对于保证区域生物多样性和生态和谐发展具有非常重要的作用。温室效应对南极、北极的影响最大。以北极熊为例，北极熊是北极特有的物种，随着全球气温升高，冰雪逐渐融化，北极熊的生活环境变得恶劣，活动空间逐渐减小，北极熊不得不向格陵兰岛、加拿大北部迁徙。对此，美国政府的举措是创建生物保护区，为北极熊提供自然、良好的生存环境。

三、推广世界地球日

世界地球日为每年的4月22日，是一项全球性的环境保护活动，为保护环境做出了巨大的贡献。2018年4月22日，第49个世界地球日的活动主题为"珍惜自然资源，呵护美丽国土——讲好我们的地球故事"，我国各级国土资源主管部门、中国地质调查局以及其他直属单位充分利用微博、微信、报刊、网络、电视等途径，广泛开展宣传和科普活动，广泛推广和普及提高资源利用效益的新理念、新技术、新方法，以此实现国民经济方式的转变，通过社会各界的共同努力，举办了众多具有实质性内容的地球保护活动，为保护地球做出了重要的贡献。

四、开发和利用新型清洁能源

目前，天然气、石油、煤等自然资源的储量不断下降，人类的过度开采和利用，对环境造成了严重的影响。新型清洁能源的开发和利用，不仅能够缓解传统能源资源的压力，还能够保护环境。

拓展提升

自人类能够向火星发射探测器以来，对火星生命迹象的探测主要集中在水的存在、土壤和岩石中有机物等生命迹象的存在和大气中甲烷等生物标记的存在这三个方面展开。对于水的存在，"勇气号""机遇号""好奇号"火星车及火星全球勘察者等环绕火星的探测器已经找到了许多有力的证据。

2018年6月8日，美国宇航局宣布"好奇号"在火星土壤中发现了有机物分子，在大气中发现了甲烷气体含量的季节性波动，为火星生命探测的后两个方面增添了新的进展。本次的两个发现都不能直接证明火星现在或从前存在生物体，但这些发现一方面为科学家们增加了新的研究素材，另一方面也为未来的火星探测任务指明了进一步探测的重点和方向。

思考：人类移民火星可行吗？为什么？

延伸推荐

1.《地球之美：一部看得见的地球简史》[法]帕特里克·德韦弗著，秦淑娟等译，新星出版社2017年；关键词：地球史，百科全书。

2.《地球生命的历程》，[英]理查德·穆迪等著，王烁等译，人民邮电出版社2016年；关键词：地球的起源，生命的出现与演化。

3.《星际旅行指南》，叶永烈主编，朝华出版社2012年；关键词：宇宙，行星，未来星球。

4.《探索世界：破译地球密码》，江文编著，北岳文艺出版社2011年；关键词：地球，资源，环境。

三 探寻时间的秘密

燕子去了,有再来的时候;
杨柳枯了,有再青的时候;
桃花谢了,有再开的时候。

我们的时间为什么却一去不复返呢?光阴似箭,日月如梭,时间都去哪里了?

人类在没有使用钟表以前是怎样计量时间的?时间从哪里来?

东边的时间比西边早,给早期航海的人们带来了时间上的混乱,怎么才能克服呢?

麦哲伦船队环球航行,经过三年多的努力,在最终到达始发地时却发现时间少了一天,这是为什么?

疑问重重,下面就让我们一起在时间隧道里穿梭,去领略时间的神奇和奥妙吧!

主题阅读

给时间画上刻度

人类在没有使用钟表以前,对时间的计量有很多种方法。最早使用的计时仪器是利用太阳的射影长短和方向来判断时间,前者称为圭表,用来测量日中时间、定四季和辨方位;后者称为日晷,用来测量时间。二者统称为太阳钟。

一、圭表

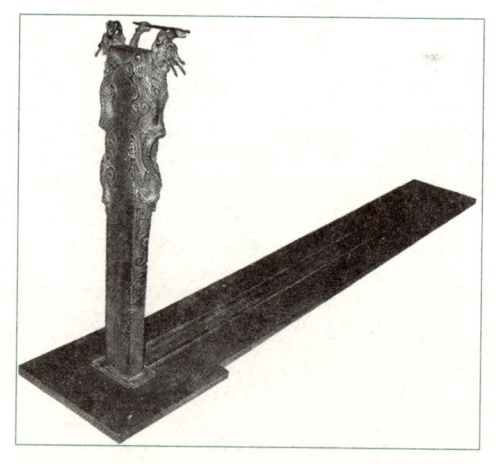

圭表

圭表是一种依靠计算日影长度来计时的工具,由"圭"和"表"两个部件组成:直立在地面测日影的标杆或石柱叫作表,南北放置测量表影的刻板叫作圭。时间又被称为"光阴",意思是太阳在地上留下的阴影，"光阴"一词就和圭表有关系。圭表是测定正午的日影长度以定节令，定回归年或阳历年。在很长一段历史时期内，中国所测定的回归年数值的准确度高居世界第一。通过进一步研究计算，我国古代科学家还掌握了二十四节气的圭表日影长度。这样，圭表不仅可以用来制定节令，而且还可以用来在历书中排出未来的阳历年以及二十四节气的日期，作为指导劳动人民从事农事活动的重要依据。

二、日晷

日晷

在圭表的基础上，人们又发明了日晷，又称"日规"，本义是指太阳的影子，仍是以光的投影来判断时刻。日晷由一根晷针和一个刻有刻线的晷盘组成，当太阳的方位变动时，晷针在晷盘的投影所指的方向也不一样。古人根据长期的观察，确立了十二个时辰所对应的日影方位，并以此来判断时间。比如"午时三刻"，指的就是日晷盘午时位置的第三个刻度。

三、刻漏

圭表和日晷都是利用太阳来计时的方法，会受到阴雨天气的影响，为此古人发明了"漏刻"。刻漏，又称"漏壶"，根据等时性原理滴水计时，分为泄水型和受水型两类：一类是利用特殊容器记录水漏完的时间（泄水型）；另一类是利用底部不开口的容器，记录把水

受水型刻漏

泄水型刻漏

装满用多少时间（受水型）。早期的刻漏多为泄水型，水从漏壶底部侧面流泄，格叉和关舌上升，使浮在漏壶水面上的漏箭随水面下降，由漏箭上的刻度指示时间。后来创造出受水型，水从漏壶以恒定的流量注入受水壶，浮在受水壶水面上的漏箭随水面上升指示时间，提高了计时精度。

四、五轮沙漏

沙漏，又称"沙钟"，是一种测量时间的装置。因为冬天刻漏里的水易结冰，所以改用流沙驱动。最著名的沙漏是1360年詹希元创制的"五轮沙漏"。流沙从漏斗形的沙池流到初轮边上的沙斗里，驱动初轮，从而带动各级机械齿轮旋转。最后一级齿轮带动在水平面上旋转的中轮，中轮的轴心上有一根指针，指针则在一个有刻线的仪器圆盘上转动，以此显示时刻，这种显示方法几乎与现代时钟的表面结构完全相同。此外，在中轮上还有一个机械拨动装置，以提醒两个站在五轮沙漏上击鼓报时的木人。每到整点或一刻，两个木人便会自行出来，击鼓报告时刻。这种沙漏脱离了辅助的天文仪器，已经独立成为一种机械性的时钟结构。

除此之外，还有水运浑天仪、大明灯漏、油灯钟、蜡烛钟等计时工具。17世纪后，西方更为精密的钟表传入，人们逐渐放弃了原有的计时工具。在计时方法上，古人采用百刻制的方式，即将一昼夜均分为一百刻，一刻约等于现在的14.4分。隋唐时期发明了十二时辰计时。西方钟表传入中国后，为适应24小时计时的方法，百刻制改为96刻制，一个时辰2个小时，一个小时4刻。这些都是古人智慧的结晶。

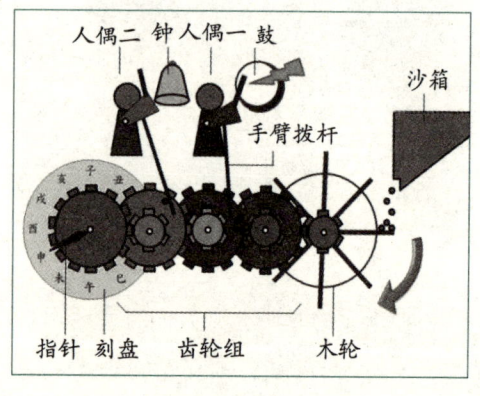

五轮沙漏

寸"经"寸光阴

1858年11月24日，英国多塞特郡的时钟指在上午10时6分，该郡一位法官判决一名提请土地诉讼的人败诉，因为在他在上午10点开庭时没有准时到庭。2分钟后，提请诉讼的人来到法庭，他向法官指出，按照他家乡肯柏兰郡喀来耳镇火车站的时钟，他是准时到达的。因此该案必须重审。

火车站与法庭的时间差异是怎样形成的呢？那时因为地球的自转产生了昼夜交替，进而形成了时间上的差异。东边的时间比西边的时间早，时间上的混乱给人们的日常生产和生活带来了诸多不便。

为了克服时间上的混乱，1884年10月13日在华盛顿召开的一次国际经度会议（又称国际子午线会议）上，规定将全球划分为24个时区。它们是中时区（零时区）、东1—12区，西1—12区。每个时区横跨经度15度，时间正好是1小时。最后的东、西第12区各跨经度7.5度，以东、西经180度为界。每个时区的中央经线上的时间就是这个时区内统一采用的时间，称为区时。相邻两个时区的时间相差1小时。例如，我国东8区的时间总比泰国东7区的时间快1小时，而比日本东9区的时间慢1小时。因此，出国旅行的人，必须随时调整自己的手表，才能和当地时间一致。凡向西走，每过一个时区，就要把表向前拨1小时（比如2点拨到1点）；凡向东走，每过一个时区，就要把表向后拨1小时（比如1点拨到2点）。

实际上，世界上不少国家和地区都

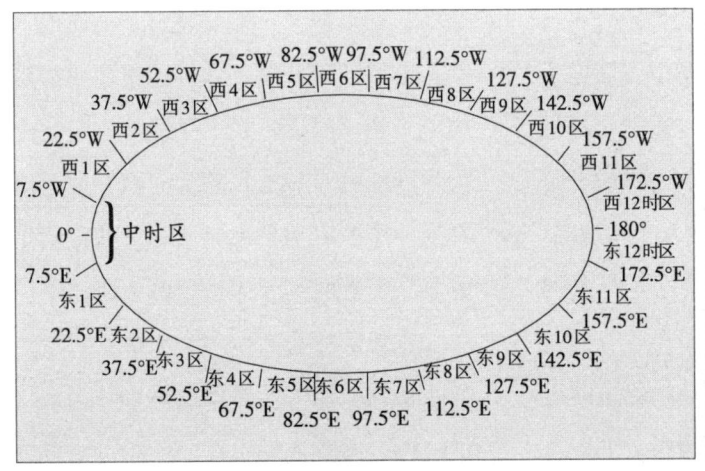

时区的划分

本初子午线标志

古代航海图

不严格按时区来计算时间。为了在全国范围内采用统一的时间,一般都把某一个时区的时间作为全国统一采用的时间。例如,我国把首都北京所在的东8区的时间作为全国统一的时间,称为北京时间。

在此次会议上还确定了将通过格林尼治天文台子午仪中心的子午线规定为经度的本初子午线。于是,通过格林尼治天文台的经线被世界公认为本初子午线,作为计算地理经度的起点和世界"时区"的起点,格林尼治国际标准时间从此诞生。

其实,本初子午线作为经线的起点,也为全世界的航海者指引了方向。英国是一个航海事业非常发达的国家,对航海者来说,能否准确计时,是生死攸关的事。因为没有准确的计时工具,就无法知道船只在海洋中航行的位置及时间。船只在海上时,是从纬度和经度来推算出它所在的位置的。长期以来,航海者只是凭航海经验臆测经度,确定航向,如果错了,船只就会走错航向,甚至会搁浅或触礁,这样的事故在航海史上屡见不鲜。本初子午线的确定让全世界的航海者只要以它为起点,便可以在航行中准确地测出自己船只的正确位置和当时的时间,为繁荣海上航运事业、避免航海事故做出了贡献。

格林尼治时间是以地球自转为基础的时标,后来人们发现地球的自转有逐渐变慢的趋势,并有季节性的变化和突然的不规则变化。因此，在1979年末在日内瓦举行的世界无线电行政大会上通过决议，确定用"世界协调时"取代格林尼治时间，作为无线电通讯领域内国际标准时间。这一发展，反映了当今世界科学技术的迅猛发展。

维多利亚失踪的时间

1519—1522年，麦哲伦船队完成了人类第一次环球航行。当他们经过3个月20天的漫长时间，横渡了浩渺无涯、刚好风平浪静的"大南海"——太平洋之后，麦哲伦即在干预菲律宾马克坦岛土著的内讧中被杀。其余人最后在埃里·卡诺的率领下，乘坐仅剩的一条"维多利亚号"船，沿着葡萄牙人开辟的东航路，绕过好望角，于1522年7月9日到达非洲西部的佛得角海面。在船员中，有一位来自意大利的年轻幻想家安东尼奥·皮加费塔，他出于写日记的需要，每到一地最关心的便是岸上的时间。在佛得角，当他习惯地向上岸购买食物返回船上的水手们询问陆上的日期时，水手们回答："7月9日，星期四。"这真是一个令人惊讶的消息，因为船上显示的时间是"7月8日，星期三"。为此，他将自己全部的日记找出，仔细地

维多利亚号

一天一天地数，一周一周地算，并未发现差错。这令皮加费塔感到非常疑惑。他忽然想到舵手阿里波也是每天记录航行日志的，但阿里波的记录也是"7月8日，星期三"。这使皮加费塔更加困惑了，难道船队的日历在不断向西航行中丢掉了一天吗？

1522年9月6日，已经残破不堪的"维多利亚号"船，将麦哲伦船队剩下的18个幸存者带回他们的始发港，而当地的日历却显示是1522年9月7日。还是少了一天呀！埃尔·卡诺把航海日记摊开来看，的确每天都记了日记，没有错过一天。

那么，这一天之差是怎样造成的呢？原来这一天之差包含着他们并不知晓的科学原理。因为地球是自西向东自转的，它的这种有规律的自转，造成地球上任何一个地点每天24小时的时间循环。这种循环只适用于相对于地球不动或小范围运动的对象，而对那些在地球纬线方向做长距离运动的人来说，一天不再是24小时，而是稍长于或稍短于24小时。航海家们自西向东航行，地球亦不停地自西向东旋转，他们好像一直在追逐着下沉的太阳。因此，夜晚总是比白天迟一点来临，这就等于延长了船上的白昼时间。如果逆着地球自转的方向航行，航船上的白昼时间就相应的短些。据计算，在"维多利亚号"船上每天要比24小时长2分钟左右，这2分钟与24小时相比微不足道，况且当时又无准确的计时仪器，一般人都觉察不出来。然而，他们在船上航行了3年多，这数以千计的2分钟的积累足以凑成一天，于是船员们就不知不觉地将这一天丢失了。

为使长途航行的人不把日子搞错，掌握了近代科学知识的专家们，在地球上划了一道"时间起跑线"，用以区别今天和昨天，这就是"国际日期变更线"。它被有意地选在人烟稀少的180度经线附近，处于亚、美两大洲之间。它从北极开始，经过白令海峡，穿过太平洋，直到南极为止。为了避开一些岛屿，它有些弯曲，当轮船或飞机越过这条线时，就需要严守以下规定：从西向东穿越这条线，要把同一天计算两次，如某月5日自西向东越过这条线，第二天还是5日；要是从东向西跨越这条线，就要把日子跳过一天，即从当天的日历上再撕去一张。16世纪的"维多利亚号"船的船员们，由于不懂其中的科学道理才产生了困惑。

拓展提升

一位名叫吕萨的商人，于某年4月10日乘飞机从太平洋的马绍尔群岛飞往檀香山。上机前1小时，他去机场附近的花旗银行兑换货币时，遇到一位老太太。老太太手里拿着一张过期（兑奖日期是4月9日）的中奖彩票，捶胸顿足，非常难过。

这时，走来一位身穿笔挺西服的中年人，他"关切"地对老太太说："请不要伤心，我愿用3000美元买您这张废票（奖金为8000美元），您同意吗？"老太太一愣，自忖这张废彩票反正已无任何价值，就同意了。这件事令吕萨非常纳闷。

飞机在空中飞行了一段时间后，广播里传来航空小姐的声音："亲爱的旅客们请注意，现在是4月9日10时4分，我们将于11时抵达美国檀香山机场……"吕萨奇怪，上机时明明是4月10日，现在怎么变成4月9日了！难道时光可以倒流？吕萨问那位中年人："先生，请问现在怎么变成4月9日了？那你刚才买的废票不是又有效了吗？"中年人得意地笑着说："是的，兑换后我可以净赚5000美元。"后来，那位中年人拿着那张中奖彩票在檀香山花旗银行果然兑换了8000美元奖金。

思考：老太太的过期彩票为什么到了中年人手中又能兑现了？请说明原因。

延伸推荐

1.《中国古代天文历法》，徐潜主编，吉林文史出版社2014年；关键词：天文，历法，二十四节气。

2.《时间的奥秘》，[加]史密斯著，刘颖译，江苏凤凰美术出版社2015年；关键词：计时工具，历法的制定和发展。

3.《时间简史普及版》，[英]霍金著，吴忠超译，湖南科学技术出版社2006年；关键词：时间本质，宇宙前沿，历史，将来。

4.《时间大百科：时间之书》，[日]藤泽健太著，歌乐子译，湖南少年儿童出版社2017年；关键词：时间的历史、现在、未来，计时工具与历法，生物与时间之谜，如何制造时光机。

5.《奥妙科普：探索时间奥秘》，胡俊清编著，吉林出版集团有限责任公司2014年；关键词：时间的定义，时间的测量。

四　不要问我太阳有多高

"日出日落三百六，周而复始从头来。草木枯荣分四时，一岁月有十二圆。"冬去春来，年复一年，我们追逐着太阳的光芒而生存。

春的清新与希望，夏的热情与美丽，秋的成熟与收获，冬的洁白与纯净，不管你喜欢它们中的哪一个，你都无法左右它们的到来，因为这与地球和太阳有关。

从春秋时期的"两小儿辩日"，到如今太阳能的大规模应用、诸多"握手楼"的出现，人们对太阳的研究与利用仍在进行，这其中又蕴含了什么地理知识呢？

主题阅读 ★

"两小儿辩日"新解

孔子东游，见两小儿辩斗，问其故。

一儿曰："我以日始出时去人近，而日中时远也。"

一儿以日初出远，而日中时近也。

一儿曰："日初出大如车盖，及日中则如盘盂，此不为远者小而近者大乎？"

一儿曰："日初出沧沧凉凉，及其日中如探汤，此不为近者热而远者凉乎？"

孔子不能决也。

两小儿笑曰："孰为汝多知乎？"

时至今日，我们怎样从科学的角度来解释"两小儿辩日"中出现的问题呢？

"日初出大如车盖，及日中则如盘盂。"早晨的太阳看起来大一些，中午的看起来小一些，这实际上是一种视觉误差。因为，早晨太阳刚从地平线上升起来时，有山峰、树木等地面物体做对比，太阳就显得大一些；而中午的太阳高悬在天空，参照物是范围很大的整个天空，相形之下，太阳就显得小一些。实际上，用仪器测太阳的视直径，若不考虑地平线上大气折射的影响，早晚都是一样的。

然而，出现"日初出沧沧凉凉，及其日中如探汤"的情况又是怎么回事呢？地面温度的高低，主要取决于太阳高度角。早晨，太阳斜射，同束阳光照射的面积大，单位面积上得到的太阳辐射少。同时，因为斜射阳光通过大气层的厚度大，大气对太阳辐射的削弱多，再加上夜晚地面辐射散热，日出前后地面热量亏损到达极大值，因此，早晨气温低，凉爽。到了中午，太阳高度达到一天中最大，阳光直射或接近直射，热量集中。此时，阳光通过大气的厚度小，太阳辐射被削弱得少，再加上地面热量盈余，气温已经升高，因此，中午气温高，比早晨热得多。实际上，对于每秒30万千米的光速来说，早晨和中午日地距离的微小差别根本不会影响到达地面的太阳辐射的多少。

由此可见，两小儿只是从太阳光盘大小差异和气温高低的不同来论证日地距离是不科学的。

究竟是"日始出时去人近，而日中时远也"还是"日初出远，而日中时近也"？这要从地球在公转轨道上的位置说起。

地球绕太阳公转的轨道是椭圆轨道，太阳位于其中的一个焦点上，所以这个距离是时刻变化着的。1月初，地球位于近日点，日地距离最近；7月初，地球位于远日点，日地距离最远。从1月初到7月初的这段时间内，地球沿着公转轨道自西向东（逆时针方向）公转，也就是由近日点到达远日点的这段区间内，随着地球在公转轨道上的位置变化，日地距离越来越远，我们可以看出早晨距离太阳近，中午距离太阳远；从7月初到次年1月初的这段区间内，而是早晨距离太阳远，中午距离太阳近。

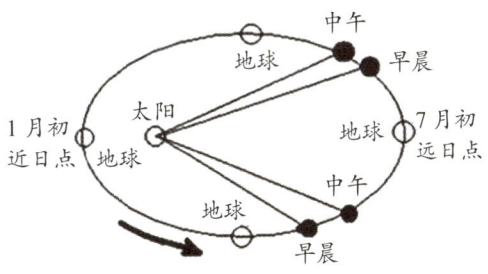

地球上的近日点和远日点

虽然两小儿没有从科学的角度来解释自己看到的地理现象，但是他们认识自然、探求客观事物，独立思考、大胆质疑的精神的确值得我们学习。

向日葵型太阳能

太阳能作为一种清洁、免费的能源而广受人们的青睐，发展前景令人乐观，太阳能热水器更是进入了千家万户。然而在现实生活中，太阳能热水器经常会出现夏天热水用不完，冬天热水又不够用的实际问题。这是由于太阳东升西落和四季的交替改变了太阳光的入射角度，使得热水器受热面与太阳光线的夹角处在不断的变化过程中。从理论上讲，为了让太阳能热水器获得更多的热量，应不断调整热水器的受热面的角度，使太阳光线入射的方向与受热面垂直。但实际上，随时调整热水器的受热面并不是那么容易。

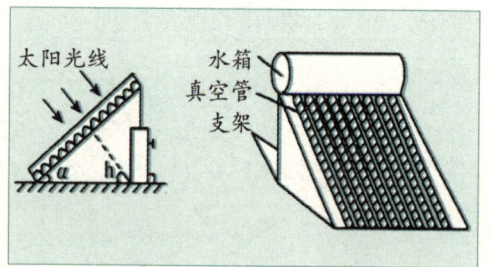

走进千家万户的太阳能热水器

太阳能发电板——"智能花"

但是，在世界上最富有的地方——迪拜，政府真的公布了一款可以跟着太阳的走向自动调节方向的太阳能电池板，名为"智能花"（smartflower）。这个太阳能电池板与普通的太阳能电池板不太一样，它的外观很像向日葵，就连工作方式也模仿向日葵，它可以自动同步时间，太阳转到哪里它就跟到哪里。

"智能花"太阳能发电板是单一的整合系统，使用时直接放置在光照充足的户外，用螺栓固定在地面上就可以了。由于它是跟着太阳的走向来吸收太阳能量的，且总能与太阳光保持90度角，能实现最大的太阳能吸收值并能更高效地产生电能，所以比起传统的太阳能电池板，"智能花"平均每年的发电量可以提高23%左右。而且，在"智能花"的每个"花瓣"后有一排小毛刷，工作的时候毛刷会自动清洁发电板，所以不易积灰尘，发电效率也更高。

可以自动闭合的"智能花"

只要太阳升起，"智能花"的"花瓣"就会自动打开，到了晚上，它的太阳能板就会自动折叠起来，整个过程完全自动化。此外，由于"智能花"配置了自动侦测风速感应器，当风速达到一

"智能花"在生活中的应用

"智能花"在军事中的应用

定级别或者遇到下雨天时,"花瓣"就会自动闭合以保护太阳能电池板,而等天气转好后"花瓣"又会自动开启。可以说,这朵"向日葵"真正做到了将植物性能完美融合到科技中并加以利用。

万物生长靠太阳,随着科技的进步,人类对太阳能量的利用将会越来越广泛,越来越深入,让我们插上智慧的翅膀,去追逐太阳的光辉吧!

"握手楼"的苦恼

如今城市的每一片土地都称得上"寸土寸金",开发商为追求最大利益而想方设法地使用土地,出现了大批楼与楼之间的距离不符合国家相关规定、距离太近的楼房。有人形容这种楼房相邻两栋楼的同层住户,打开窗户便可以握手,俗称"握手楼"。

在广州市海珠中路和光塔路交界处,就有这么一处"握手楼"。一栋身形庞大的19层住宅紧贴一幢8层商品房北侧墙壁而建,并且骑着8层商品房的天台向上延伸10层高。走上天台抬头望去是别人的阳台,而另一边则紧挨着一家宾馆。在这里,居民白天上楼要打开手电筒,晚上睡觉要戴着眼罩;夏天热

广州最牛握手楼

浪滚滚,冬天衣服很难晾干。生活在此的居民苦不堪言。

由此可见,楼间距的大小直接关系着居民的生活质量。国家相关部门做出以下规定:

1.房屋前后间距:普通小区居住用房可以大致用楼高:楼间距=1:1.2的标准计算,其基本原则是前一幢楼在太阳高度最低时不挡住后一幢楼的阳光。由于北半球冬至日日照时间最短,正午太阳高度角最小,太阳光线斜射得最厉害,所以我国以冬至日日照时间作为居住建筑日照标准。大城市住宅日照时间标准为,房屋最底层窗户大寒日不低于2小时,冬至日不低于1小时,老年人居住建筑不应低于冬至日日照2小时。

在进行楼间距(前后距)的实际计算时,其实就是计算日照间距,即前后两排南向房屋之间,为保证后排房屋在冬至日底层获得不低于1小时的满窗日照而保持的最小间隔距离。

图中,α为太阳高度角,h为前幢房屋檐口至地面高度,h_1为后幢房屋窗台至地面高度,D为日照间距。

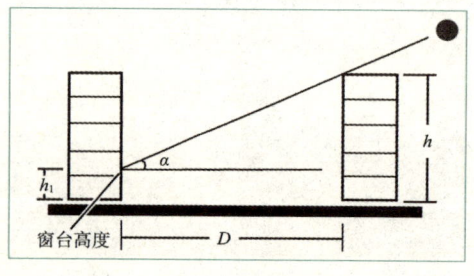

楼间距示意图

由图可知:$\tan\alpha = (h-h_1)/D$,

解得:日照间距$D=(h-h_1)/\tan\alpha$。

如果居室所需日照时数增加时,其间距就相应加大,或者当建筑朝向不是正南,其间距也有所变化。在坡地上布置房屋,在同样的日照要求下,由于地形坡度和坡向的不同,日照间距也会随之改变。

2.房屋左右间距:多层(4—6层及以下)与多层建筑间距为6米,多层与高层(12层及以上)建筑间距为9米,高层与高层建筑间距为13米。

楼间距的大小对居民生活所产生的影响,具体表现在采光、通风、隐私、防噪、安全等多个方面。首先,南向的房屋采光好,但如果楼间距过小,即使是南向的房屋也可能出现采光不足的现象。住在一层的住户房屋的日照时间大大低于高层的住户。尤其是到了冬天,大白天有时候也要开灯才能工作,这往往就是楼间距过小造成的。其次,房屋的居住环境是否健康、舒适,除了要有足够的日照时间之外,良好的通风性能也是一个重要的指标。楼间距过小的话,前楼往往会对后楼的正常通风造成遮挡,使后楼住户的通风受到影响。再次,隐私保护是当下比较受到重视的一个问题,而楼间距过小肯定不利于隐私保护。另外,由于楼间距过小,在两楼之间穿行的行人、车辆的声音会清晰地传到屋内，尤其是晚上，对面楼的电视声、门铃声甚至吵架声，想不听都不行。最重要的一点，楼间距过小，加上道路两旁停满车，如果发生火灾消防车根本开不进来，在安全上存在重大隐患。

拓展提升

故宫作为明清两代的皇宫，集历代宫殿建筑之大成，是中国古代宫殿建筑的典范。更值得一提的是，故宫各建筑很好地利用了太阳高度的变化来设计建造，屋檐的出挑使屋顶还具有纳光与遮阳的功能。

北京地区的太阳高度角，夏季为76°，冬季为27°。据此，故宫的檐采用了"柱高一丈，出檐三尺"或采用柱高的1/3的惯用做法，把屋顶脊步做成42°的陡坡，而把飞檐做成19°20′的缓坡，形成圆和的曲线，恰好使北屋在冬至前后阳光满室，夏至前后屋檐遮阴。此外，墙壁和屋顶很厚，导热系数低，使得房屋冬暖夏凉。

思考：北京地区北屋冬至前后阳光满室、夏至前后屋檐遮阴的原因是什么？

延伸推荐

1.《DK探索：奇妙的地球》，[英]马特·特纳著，朱伊佳等译，科学普及出版社2015年；关键词：宇宙中的地球，地球与生命，探索地球。

2.《探索未知丛书：星际探秘》，顾振年编，少年儿童出版社2008年；关键词：宇宙，太阳，地球。

3.《图说中国古建筑：故宫》，周乾著，山东美术出版社2018年；关键词：故宫，布局，构造。

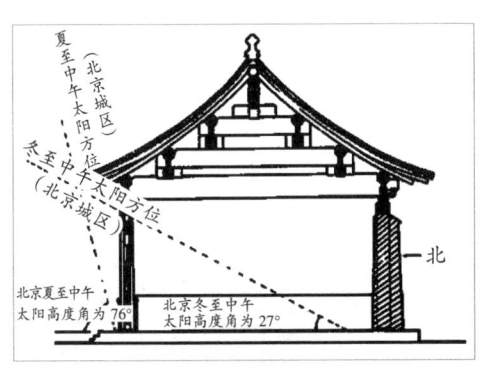

故宫建筑采光图

五 天"络"地网，图"谋"天下

神秘的北纬30度上有雄伟的珠穆朗玛峰、深邃的马里亚纳海沟，还有那巴比伦的空中花园以及神秘的玛雅文明。是什么成就了它的神秘？

印度人南星用100颗念珠绘制出了西藏西南部的地图和通往拉萨的路线图，他是怎么做到的？

小小的地图，方寸之间包含着极其丰富的地理信息。学会了看地图、用地图，就是打开了一扇观察世界的窗子，可以更便捷、更准确地获得地理信息，饱览世界风光。天"络"地网助我行，一图在手，可"谋"天下。

主题阅读

神秘的北纬30度

北纬30度线——一条充满无数待解之谜的神奇纬线！

珠穆朗玛峰

北纬30度线,其实是一条看不见的线,一条地理学家为方便研究地球而画出的虚拟线,然而却没有任何一条经线或纬线有着像它一样神奇的魔力。

地球上的最高峰——珠穆朗玛峰、海底最深处——西太平洋的马里亚纳海沟都处在这条纬线上;世界上几大河流,如埃及的尼罗河、伊拉克的幼发拉底河、中国的长江、美国的密西西比河,它们的入海口都处在这条纬线上。

更显神秘的是,恰好建在地球大陆重力中心的古埃及金字塔群、狮身人面像、神秘的北非撒哈拉沙漠达西里的"火神火种"壁画、死海、巴比伦的"空中花园"、传说中的大西洲沉没处以及令人不寒而栗的"百慕大三角区"等,都汇聚在这条神秘的纬线上。

古巴比伦巴别塔复原图

北纬30度线常常是飞机、轮船失事的区域,人们称之为"死亡旋涡区"。除了百慕大三角区,还分布着日本本州西部、夏威夷到美国大陆之间的海域、地中海及葡萄牙海岸、阿富汗这5个异常区。令人奇怪的是,在地球南纬30度线上也同样有5个异常区。如果把这10个异常区在地球上一一标注出来,这10个区域在地球上几乎是等距离分布的。再把这些异常区互相连接起来,整个地球就会被分成20多个等边三角形,每个异常区域都处在这些等边三角形的接合点上。这些异常区大都处在海洋水域,这些水域的海流、旋涡、气旋、风暴、磁暴等比其他地区都剧烈,而且这些大规模的海洋运动频繁交替出现,给人类带来巨大灾难。

如果将北纬30度线往北移动5度左右,人们会再次惊奇地发现,在北纬35度线附近,是恐怖的地震死亡线。到现在为止,发生在这条纬线附近、死亡在2000人以上或者震级在7级以上的地震就达几十次,如葡萄牙里斯本的两次8级地震、土耳其埃尔津詹的8级地震、美国旧金山的8.3级地震等。在北纬35度线上,还有伊斯兰教、佛教、印度教、基督教的圣地,猿人化石发现地云南元谋……

北纬30度线光怪陆离、纷繁复杂的神秘现象多少影响了人们的视角和思维。对于严肃的科学家来说,位于北纬30度线上的金字塔的选址绝不是一个偶

032　地理来了①

古埃及金字塔群与狮身人面像

然行为，金字塔背负着太多的难解之谜，尽管经历了几个世纪的艰苦探索，但人们知之甚少。只要解开这个谜，人类的科学研究能力就会向前迈进一大步！

而一旦破解了这条纬度线上所有的谜底，人类传统的科学观念也将发生翻天覆地的变化，到那时候，人类可能才会真正了解宇宙的奥妙。

100颗念珠的秘密

中国的西藏，在近代以前是世界上最神秘的地方之一，当时的西方人对西藏几乎一无所知，所以对西藏有着极强的好奇心。特别是在1833年英国征服印度之后，以英国人为首的西方人，对中国的西藏更是垂涎三尺。当时，英国人担心被俄国人捷足先登侵占西藏，于是他们开始训练一批印度人做间谍，准备派往西藏，搜集有关西藏的资讯，不计代价探索西藏，为以后入侵西藏做准备。

印度人南星就是被他们物色到的最佳人选之一。物色到南星的人是英国的乔治·蒙哥马利。南星是一位33岁的小学教师，此人智勇双全，懂藏语藏文，英文水平非常好。1863年,南星被送到印度的德拉杜罕测量总部,在那里接受为期两年的秘密训练。在此期间,南星学会了使用六分仪和罗盘,还学会了借助星辰定位技术。南星刻苦练习以精确的步伐走路,每步31.5英寸,每英里两千步。藏传佛教僧侣的念珠是108颗,而他用的念珠只有100颗,这是为了便于精确计算步数。乔治·蒙哥马利给他的法号叫"智者"。他的任务是:找到一条前往拉萨的路线,沿途用步行计算路线里程,并且绘出通往拉萨的路线图,要尽可能刺探到西藏的政治、经济、文化、宗教、交通、水文等资讯。

南星的任务非常艰巨,一旦暴露必死无疑。带着对成功的渴望与间谍行动的恐惧,南星翻越了高耸入云的喜马拉雅山,踏上了进入西藏的道路。南星混入一支商队,假扮成僧人,跟着商队步行前进。在当时的西藏偏远地区,土匪远比僧侣多。有些西藏人对南星起疑心时,商人就为他担保。沿途上,他为了完成自己的使命,有时必须独自行走,目的就是精确测量步伐。他的步伐整齐得有些古怪,但没有被同行的商人发现。当他的同伴入睡时,他用温度计测量烧开的水的水温,以此得知所处海拔。因为海拔也是他要测量的核心数据之一。

经过五个月的艰辛跋涉,商队开始接近日喀则,再从日喀则前往拉萨。南星迈着单调的步伐,一步一步测量着从日喀则到拉萨的道路。旅途的劳累和恐惧没有击倒南星。当他走到海拔5000米左右的地方时,只能放慢脚步缓行,由于缺氧,他高原反应严重,头痛欲裂。

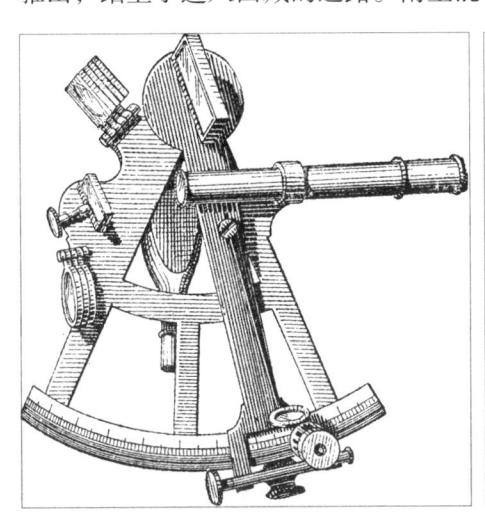

19 世纪的六分仪

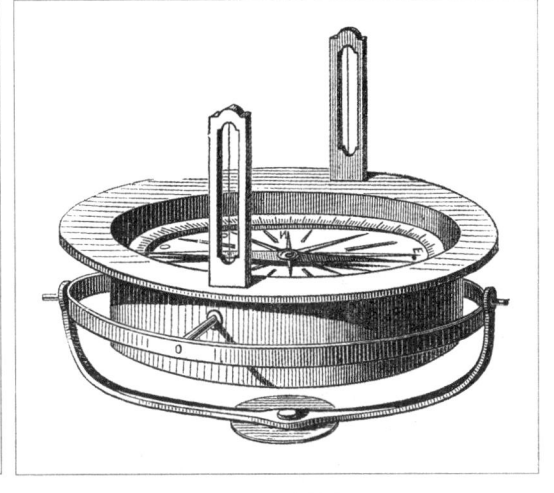

19 世纪的罗盘

有好几次，他们遭到土匪的袭击，南星被迫骑马逃命。这个万不得已的逃生方式，打乱了他的测量计划。无奈，南星发誓在回程途中重新步行测量此段路程。事实上，南星在回程途中真的重新步行测量了这段路程，从而弥补了数据的不足。

1866年1月，他们顺利到达拉萨。拉萨是西藏的政治、经济、文化、宗教中心。南星精心选择，租到一间很适合观测星象的房子，通过观测星象确定了拉萨的经纬度。他搜集有关拉萨的政治、经济、文化、宗教等资讯。他的房间与布达拉宫近在咫尺，这使他有极好的机会搜集到布达拉宫的各种数据。他甚至把拉萨的每一个庙宇、商店、道路、桥梁的信息都搜集到了。

1866年10月，经过9个月的搜集工作，南星带着巨大的收获，踏上了回家的旅程。他补上了来时漏掉的地段测量数据，再次翻越高耸入云的喜马拉雅山，回到印度的德拉杜罕测量总部。在一年半的时间里，南星步行250多万步，详细记录每一个的数据。满载而归时，乔治·蒙哥马利喜不自禁。随后，测量总部根据南星的资料，绘出了西藏西南部的地图和通往拉萨的路线图。值得一提的是，今天仍在使用的印度测量总部地图，还是以南星的测量数据为基础绘制的。在南星之前，西方人根本不知道西藏的具体情况，更不知道拉萨的具体情况。多年后，科学证实南星测量计算的拉萨位置，精确度在半个纬度之内。真是令人惊叹！

世界地图隐瞒了什么？

在网上搜索各国使用的世界地图，会发现各国使用的世界地图基本是两种：一种是以太平洋为中心的世界地图，亚洲一些国家，如日本等都在使用这种世界地图；另一种是以大西洋为中心的世界地图，西方和美洲国家都在使用这种世界地图。

世界地图的基本构架形成于16—19世纪，后来就无大的改革，可以说，几百年来，世界地图变化不大。

是世界地图完美无瑕吗？不是，两种世界地图都有很多不足，完全应该出现革命性的变化。在传统的世界地图上，一些国家和地区的版图存在变形问题。

世界地图厚此薄彼，比例尺不一致，从来没有一张地图声明过这一点。一张负责的世界地图似乎应该说明它把哪些地区夸大了，把哪些地区缩小了，哪些地区变形严重。

传统的世界地图（中国的和西方的）的投影方式，把北极点和南极点拉成了条线，因此靠近北极和南极的国家和地区面积被夸大了，南极洲也被夸大了。比如，南极洲的面积实际上只是澳大利亚的1.8倍。在传统的世界地图上，南极洲仅出现了一半左右，但就这一半左右的面积在地图上却是澳大利亚面积的3.8倍，可想而知，南极洲被夸大了多少。

靠近北极的国家也被夸大了，俄罗斯虽然不像南极洲夸大那么多，但也有所夸大。俄罗斯像一个巨大盖子，盖在中国和亚洲之上，这让人看世界地图时很感压抑。我们现在看到的俄罗斯的版图，比当年的苏联已经缩小了许多。在有些世界政区图上，苏联的领土面积是如此大，直观上看甚至比整个非洲都大。其实，整个非洲的面积是3020万平方千米，苏联的面积是2240万平方千米，显然苏联的面积被夸大了。

这是世界地图的画法造成的。地球是球形，每个国家都可以是中心。就像地图的上北下南是人为的规定，其实完全可以反过来上南下北。

（作者：单之蔷；选自《青年博览》2008年第2期）

拓展提升

1996年，解放军曾展开了一次大规模军演，向距离台湾附近的东海海域发射了3枚导弹。第一枚导弹准确命中目标，所有人欢呼起来，但紧接着发射的第二枚和第三枚导弹却突然无法追踪，最终导致导弹大大偏离了原定的落点范围。事后的军事分析表明，这两次发射失败可能是由于美国研制的全球定位系统（GPS）信号突然中断造成的。这更加坚定了中国建立独立自主的卫星导航系统的决心。

于是，我国在20世纪后期开始探索适合我国国情的"北斗"卫星导航系统，逐步形成了"三步走"发展战略：第一步，2000年建成"北斗"卫星导航试验系统，用少量卫星利用地球同步静止轨道来完成试验任务，使中国成为世界上第三个拥有自主卫星导航系统的国家。第二步，到2012年，计划发射10多颗卫星，建成覆盖亚太区域的"北斗"卫星导航定位系统，具备覆盖亚太地区的定位、导航和授时以及短报文通信等服务能力。第三步，2020年左右，建成由5颗静止轨道和30颗非静止轨道卫星组网而成的全球卫星导航系统。

虽然中国的"北斗"卫星导航系统起步较晚，但是在功能上并不逊色，它的定位精度、授时精度、抗干扰能力等都与美国的全球定位系统相当，已成为一个成熟的卫星导航系统。

思考：如今，"北斗"卫星导航系统越来越多地融入我们的日常生活，如共享单车的定位、手机定位、"智慧路灯"等，你知道"北斗"是如何进行定位的吗？

延伸推荐

1.《地图的演变》，[加]史密斯著，刘颖译，江苏凤凰美术出版社2015年；关键词：地图，演变，绘制，定位技术。

2.《中国儿童地图百科全书：穿越中国》，中国儿童地图百科全书编委会编，中国大百科全书出版社2015年；关键词：中国，地图，地理景观。

3.《中国儿童地图百科全书：走遍世界》，中国儿童地图百科全书编委会编，中国大百科全书出版社2015年；关键词：世界，地图，地理景观。

4.《世界人文地图趣史》，[英]安妮·鲁尼著，严维明译，电子工业出版社2016年；关键词：人文地图，世界探索史，地图演变。

5.《野外探秘手册：地图与定位》，[西]爱德华多·班克里编著，王丹译，中国大百科全书出版社2014年；关键词：地图，获取信息，定位。

六 大洋中的那些地儿

人们生存、繁衍的这片土地，有着一望无际的平原和高耸入云的峻岭，有着奔腾不息的江河和星罗棋布的湖泊，也有着起伏不平的丘陵、巨大的高原和深凹的盆地。

可是，你知道在浩瀚的大洋洋底是一番什么景象吗？其实，海水抽干后的大洋底部有着和陆地相似的表面形态，有挺拔的高山、辽阔的平原，也有横亘几千公里的山脉，还有伤疤一样的海沟。

让我们一起来了解神秘的大洋中脊，探索马里亚纳海沟的传奇吧！

主题阅读

"脱水"后地球的形状

世界上第一个乘坐宇宙飞船进入太空的苏联宇航员加加林说，从太空看到的地球是一个蔚蓝色的美丽星球，它看上去更像"水球"。因为地球表面71%是海洋，而陆地面积仅占29%。

可能有的人会想：地球表面71%覆盖着水，假如有一天把这些水抽干，地球会是什么样子呢？

没有水的地球表面

地球的样子会让我们大吃一惊。首先，占地球表面大部分的那一片蓝就没了，地球不再像一颗晶莹的玻璃球，而是黑乎乎的……这时你会发现，其实海底和大陆很相似：有挺拔的高山，有辽阔的平原，有横亘几千公里的山脉（大洋中脊），也有伤疤一样的海沟（马里亚纳海沟）。大陆上的高山、平原与大洋里的比起来，简直小巫见大巫，你会感觉青藏高原太小了，阿尔卑斯—喜马拉雅山系和科迪勒拉山系加起来还没有大西洋大洋中脊长度的一半长。

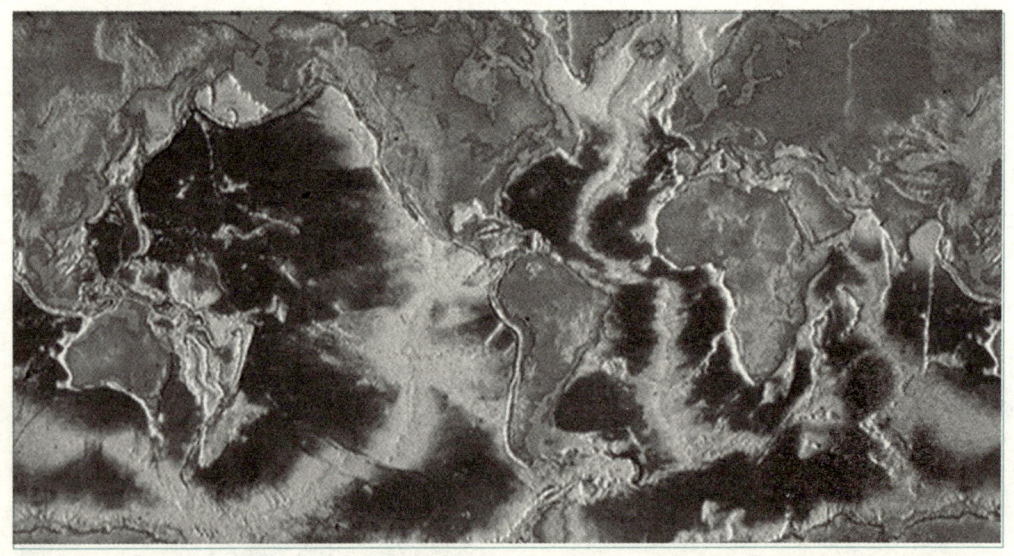

地球大陆与大洋地貌图,大洋中颜色越深表示海水越深,颜色越浅表示海水越浅。浅色的宽条带就是大洋中脊——世界上最大的山链,大洋的地壳就在这里产生。大洋中其他一些细小的白点或白链表示海中的山或小山脉。

这时候的地球看起来可能会更"麻"一点,不过差异仍然是非常小的。青藏高原的平均海拔4000多米,而洋盆的平均深度也在4000米左右,落差不过8000多米。即使按照极值计算,珠穆朗玛峰高8844米,太平洋马里亚纳海沟最深处11034米,落差大约为19878米,也还不如极半径与赤道半径的差别显著。而且这只是地球上小小的一点,影响不到地球全貌。

科学家做过一个实验:把地球(不含水的部分)缩小成一个半径为1米、比人还要高的大型地球仪,以确定上面说到的这些落差能否明显地表现出来。

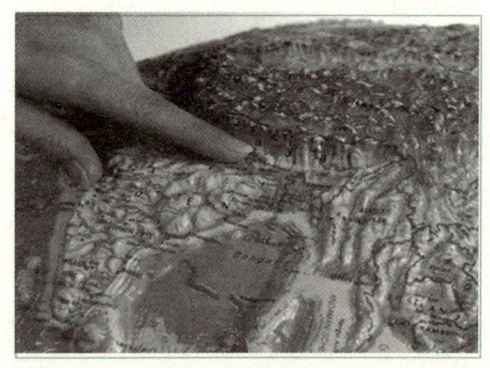

地球仪局部

如前面所说,地球赤道半径和极半径之差是21千米,在半径为1米的地球仪上,这点差别相当于赤道半径比极半径长3.5毫米,肉眼根本分辨不出来。同样计算可知,珠穆朗玛峰只是约1.4毫米的突起,马里亚纳海沟也只是最深处仅1.7毫米的小沟。这些凸起和凹陷都太细微，整体来看改变不了地球球体的外观。

大家可能见过一种有突起的地球仪，高的地方是高山，低的地方是平原。其实，这种地球仪也是把地形起伏进行了夸大。否则，如果按照真实比例，在教学用的地球仪（半径一般在15厘米左右）上，大陆上的那点儿地形起伏实在是观察不出来。

神秘的大洋中脊

人有脊梁，船有龙骨，它们是人和船有一定形状的重要支柱。因此，人能立于天地之间，船能行于大洋之上。海洋也有脊梁，大洋的脊梁就是大洋中脊，它决定着海洋的成长。

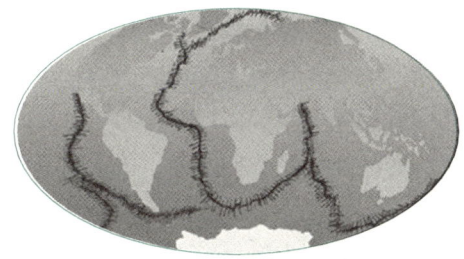

全球大洋中脊示意

1873年，"挑战者号"船上的科学家在大西洋上进行海洋调查，他们用普通的测深锤测量水深时，发现了一个奇怪的现象：大西洋中部的水深只有1000米左右，反而比大洋两侧浅得多。这出乎他们的预料。按照一般常识推理，越往大洋的中心部位，海水应该越深。为解决这个疑问，他们又测了几个点，结果还是如此，他们把这个事实记录在案。1925—1927年，德国"流星号"调查船利用回声测深仪，对大西洋水深又进行了详细的测量，并且绘出了海底图，证实了大西洋中部有一条纵贯南北的山脉。这一发现，引起了当时人们的震惊，吸引了更多的科学家来此调查，不断地补充、丰富了对它的认识。大西洋中部的这条巨大山脉，像它的脊梁，因而取名为"大西洋中脊"。

大西洋中脊

大西洋中脊的峰是锯齿形的，分布在大西洋中间，大致与东西两岸平行，呈"S"形纵贯南北，自北极圈附近的冰岛开始，曲折蜿蜒直到南纬40度，长达1.7万千米，宽1500—2000千米不等，约占大西洋的1/3。其高度差别很大，许多地方高出海底5000多米，平均高度也有3000多米。其高出海面部分，成为岛屿，如冰岛就是大洋中脊高出水面的一部分。这样巨大规模的山脉，是陆地上任何山脉无法比拟的。更为奇特的是，在大洋中脊的峰顶，沿轴向还有一条狭窄的地堑，叫中央裂谷，宽30—40千米，深1000—3000米，它把大洋中脊的峰顶分为两列平行的脊峰。

许多观测表明，在中央裂谷一带，经常发生地震，而且还经常释放热量。这里是地壳最薄弱的地方，地幔的高温熔岩从这里流出，遇到冷的海水凝固成岩。经过科学家研究鉴定，这里就是产生新洋壳的地方。较老的大洋底，不断地从这里被新生的洋底推向两侧，更老的洋底被较老的推向更远的地方。

随后，人们在印度洋和太平洋也相继发现了大洋洋脊。印度洋中脊呈"人"字形分布，西南走向的一支绕过非洲南端，与大西洋中脊连接起来；东南走向的一支绕过大洋洲以后，与东太平洋海岭的南端相衔接。这两支洋脊在印度洋中部靠拢，在印度洋北部合二为一，并向西北倾斜，构成了一个大大的"人"字形，成为印度洋的"骨架"。

太平洋洋脊有些特殊，它不在太平洋中间，而偏于大洋的东侧，称东太平洋海岭。它从北美洲西部海域起，向南延伸呈弧形走向，转向秘鲁外海，向南接近南极洲，通过南太平洋，然后折向西绕过澳大利亚，与印度洋洋脊的东南支衔接起来。

三大洋的洋中脊是彼此互相联结的一个整体，是全球规模的洋底山系。它起自北冰洋，纵贯大西洋，东插印度洋，东连太平洋海岭，北上直达北美洲沿岸，全长达8万多千米，相当于陆地山脉长度的总和。

马里亚纳海沟传奇

人们更加深入地认识海洋、了解海洋，是从航海开始的。经过大航海的辉煌时期，在征服了大海表面之后，富有冒险精神的人们又开始向海洋深处进军。神秘的马里亚纳海沟，再次成为世人瞩目的焦点，就让我们来看看在马里亚纳海沟都上演了哪些传奇吧。

一、恐怖的马里亚纳海沟：最接近地心的人类禁地

马里亚纳海沟是令人心生畏惧的，如果把世界最高的珠穆朗玛峰放在沟底，峰顶将不能露出水面，在人们看来，它是"最接近地心的恐怖地方"。在大洋

深处的它,究竟是怎样的一番面貌?

全世界深度大于6000米的海域很少,只占海洋总面积的1.2%。在深海海域中,不少地方有海沟存在。海沟是海底最深的地方,位于海洋中的沟槽,一般两壁较陡,形状狭长,水深大于5000米,最深处可达到10000多米。海沟多分布在大洋边缘,而且与大陆边缘相对平行。地球上主要的海沟都分布在太平洋周围地区,环太平洋的地震带也都位于海沟附近。这是因为海沟区的重力值比正常值要低,它意味着海沟下面的岩石圈被迫在巨大的压力作用下向下沉降。

在所有海沟中,马里亚纳海沟最为著名,它是目前所知最深的海沟,也是地壳最薄之处。马里亚纳海沟位于菲律宾东北、马里亚纳群岛东方,处在亚洲大陆和澳大利亚之间。它北起硫黄列岛,西南至雅浦岛,全长2550千米,为弧形,平均宽70千米,大部分水深在8000米以上。马里亚纳海沟中最深的地方在斐查兹海渊,距离海面的深度为11034米,是目前已知的地球上最深的地方。

二、科研的马里亚纳海沟:这条海沟的深度是如何测量的

天有多高,海有多深,一直是人们感兴趣的话题。现在,我们已经知道马

塞班岛,马里亚纳海沟就位于塞班岛东侧5千米处

里亚纳海沟最深的地方有11034米。科学家是怎么知道这个深度的？他们肯定不会拿根长绳去丈量，而是使用一些科学仪器，并且不同时代所用仪器有所不同。

起初，科学家用声学方法来测量海深。科学家先向海底发出一个声波，根据它返回的时间和声波在海水中的传播速度来得到海的深度。1951年，英国皇家海军的"挑战者二号"考察船不断向马里亚纳海沟发送声波，并用耳机捕捉回波，用秒表来计时，最终在历史上首次获得超过万米的海深，当时所测到的最大水深为10863米。1957年，苏联科学院海洋研究所的一艘海洋考察船"斐查兹号"对马里亚纳海沟进行了详细的探测，并用超声波探测仪来监测所发超声波的回声。结果于当年8月18日在它的西南部发现了一条特别深的海渊，所测深度为11034米，并将该处命名为马里亚纳深凹，后来科学家将它更名为斐查兹海渊。

目前，科学家测定海深时大多采用自动化的测深表。该表的原理是先测水压，再通过一个复杂的公式换算成水深而显示出来。1995年3月24日，日本研制的"海沟号"机器人被12000米长的缆绳缓缓放向海底，母船操作室内的17个监视器显示出潜水器发回的图像资料。经过3.5小时的下潜航程，"海沟号"到达斐查兹海渊底部，这时测深表显示的水深值是10903.3米，修正水深为10911.4米。修正水深是根据水压测定的值，通过含盐量、水温资料修正后的深度。

马里亚纳海沟究竟是怎么形成的？科学家估计，大约在6000万年前，太平洋板块与大陆板块发生了激烈的相互碰撞，因海洋板块岩石密度大、位置低，便俯冲插入大陆板块之下，进入地幔后逐渐熔化而消失，在发生碰撞的地方，就形成了如同嵌入地壳中的深深海沟。这种碰撞并没有因为海沟的形成而停止，数千万年来仍然在进行，只是没有当初那样激烈，这就导致马里亚纳海沟仍然不时地爆发地震，到那里探险不仅需要勇气，更需要先进的科技装备来保障安全，否则可能有去无回。

（作者：杨先碧；选自《大众科学》2012年第9期）

拓展提升

当火山在海洋中喷发的时候，大量的海水会淹没炽热的熔岩，但也有威力巨大的火山能够多次喷发，逐渐增高，最终冒出海面，崭露头角，形成火山岛。通常而言，火山岛面积不大，但地势高峻，主要分布在太平洋西南部、印度洋西部和大西洋中部。

火山喷发形成火山岛

世界上最著名的火山岛当属美国的夏威夷群岛，它的根基在海平面以下5998米处，最高的地方冒纳罗亚火山的海拔却高达4205米。由此可见，火山喷发的巨大威力是多么惊人！

火山岛是海底火山喷发的结果，但夏威夷群岛形成的根源仍然是地球板块运动。板块运动不停止，新的火山岛就会不断形成。1963年，冰岛南部的大西洋中有一座火山喷发，一直持续了近4年的时间，最终形成了一座面积约为2.7平方千米的岛屿——瑟尔塞岛，成为地球上最年轻的岛屿之一。

思考：夏威夷群岛的冒纳罗亚火山从海底算起有多高？夏威夷群岛位于太平洋板块内部，为什么还会有板块运动呢？

延伸推荐

1.《DK儿童海洋百科全书》，英国DK公司著，汪俊译，中国大百科全书出版社2017年；关键词：海洋地理，海洋生物，海洋环境。

2.《中国国家地理少儿百科系列：海洋》，[英] 斯蒂芬·哈钦森博士等著，江文胜、王辉、李旭奎译，中信出版社2015年；关键词：海洋演化，海洋环境，海洋生物。

3.《海洋与文明》，[美] 林肯·佩恩著，陈建军、罗燚英译，天津人民出版社2017年；关键词：航海，文明兴衰，海洋。

4.《掀开海浪你看不看》，蒲永平、王海龙编著，安徽人民出版社2012年；关键词：海岸线，海洋，海流。

5.《海岛》，楼锡淳、凌勇、元建胜编著，测绘出版社2008年；关键词：岛屿，资源，价值。

七 让我看看你的脸

见过雄伟的珠穆朗玛峰吗？它经历了多少次造山运动的沧桑和雷霆雪崩的轰击，又领略过多少英雄对它的征服，依然静立于天地之间。它还在长高吗？

去过神秘的"魔鬼城"吗？那是一座奇幻神异的城，是一座蕴含丰富的城，是一座富有个性的城，是一座给人无边启迪、无尽遐想的城。它在哪里？

女大十八变，越变越好看，人的面貌最终形成有一个变化的过程，地球面貌的形成也是如此吗？

丰富多彩的地球表面，有着无数奇妙的景观，让我们掀起它神秘的面纱，一起慢慢欣赏吧！

主题阅读 ★★★★★

千姿百态的地球素描

作为人类乃至亿万生灵的母亲，地球是那样的温良可亲，那样的美丽壮观。从宇宙中俯瞰，地球无疑是最美丽的星球，海陆相间是地球表面最显著的特点。但仔细观察不难发现，地球的固体外壳——地壳，它的表面不仅凹凸不平，甚至有很大幅度的起伏，正是这些起伏造就了各种各样的地貌。

海陆相间分布的地球

地球众多的面貌并不是从一开始就是如此，它经过了一个漫长的演化过程。比如，高山会变成海底，海底会成为高山。地质学家发现，甚至世界最高峰以前都很可能是海底的一部分。可以说，今天我们见到的地球的表面形态，是经历了千百年复杂的变化才最终形成的。更令人惊奇的是，这种变化仍在继续。

那么，到底是什么力量使地球表面形态发生了如此巨大的改变呢？一方面是地球本身所蕴藏的巨大能量的作用，比如地震和火山爆发都会在短时间内造成地形地貌的变化；另一方面是太阳能量的推动。这里我们主要来看一看地球内部力量的作用。

据科学家测量，地球内部拥有着常人无法想象的巨大能量。在这种能量的作用下，地壳常常会发生位移和各种形态变化。地震就是这种位移的一种表现形式。不过，类似地震那样在短时间内就发生明显变动的位移并不多见，大多数时候的位移不大容易为我们所察觉。但是，这种缓慢的变化也不可轻视，因为它们不论是在规模还是在影响上，都要比地震大得多。

全球性的地壳运动从来没有过哪怕一刻的停止。在这种巨大的位移作用下，即使再坚硬的岩石也会显现出一定的可塑性。这就是我们在山上常可见到一些本来平直的岩层变得弯弯曲曲的原因所在。当然，岩层因为受力过大而最终断裂的情况也很普遍。

地壳变动的两种基本形式是断裂和褶皱。据科学家考证，现在我们所见到的地球上的山川分布和表现出的各种形态大都与之密切相关。由此我们可以得出这样一个结论：在改变地球面貌的过程中，起主导作用的就是地壳运动。

喜马拉雅山的不断隆起就是地壳运动最直接的例证。由于受到强烈的挤压，原来位于海底的地壳发生了褶皱现

喜马拉雅山褶皱

象，于是逐渐演变为巍峨的高山。"世界第一峰"珠穆朗玛峰就是这样形成的。除了山峰，高原、盆地等地形的成因也同样如此。

地壳运动造就了地球的地形地貌，可地壳运动的原因我们却不得而知，因为我们对地球内部情况的了解还很匮乏。对此，科学家们提出了各种各样的假设：有人认为是由于地球收缩的缘故，有人却认为是由于地球膨胀造成的，还有人认为地球内部的物质因冷热不均而发生的对流是带动上面地壳或板块运动的罪魁……总之，这个困扰人类千年之久的谜团还有待我们去考证研究。

（作者：江文；选自《破译地球密码》）

珠穆朗玛峰究竟能长多高

青藏高原素有"世界屋脊"之誉，它是中国大陆上地壳运动和变形最强烈的地区，也是地震、泥石流、滑坡等自然灾害的重灾区。根据现代大地测量的结果，青藏高原地壳仍然处于强烈的抬升运动之中，尤其在接近印度洋板块与亚欧板块的边界一带，上升幅度达到每年10毫米，而喜马拉雅山地区的变化更大些。珠穆朗玛峰作为喜马拉雅山脉的主峰，同时也是世界最高的山峰，它每年也在增长。那么，珠穆朗玛峰究竟能长多高呢？

大约4000万年前，喜马拉雅山地区

珠穆朗玛峰

还是一片汪洋大海，海底沉积着无数含海洋生物化石的石灰岩和砂岩。约3000万年前，由于印度次大陆与亚洲大陆的碰撞，喜马拉雅山开始逐渐升起。2000多万年前，喜马拉雅山又经历了一次强烈的地壳运动，山脉被快速抬升。到800万年前时，喜马拉雅山已上升到了3000米以上。最近400万年来，喜马拉雅山的高度不断增加，其主峰珠穆朗玛峰逐渐成为世界最高峰。

关于珠穆朗玛峰的高度，世界各国曾经公认由中华人民共和国登山队于1975年测定的8848.13米，但外界也有8848米、8840米、8850米、8882米等多种说法。2005年5月22日，中华人民共和国登山队又成功登上珠穆朗玛峰峰顶，再次精确测量珠峰高度为8844.43米。

然而，珠穆朗玛峰还在继续不断升高，捍卫着其世界第一高峰的地位。据计算，在过去数百万年中，它平均每1万年上升10米。在1966年至1975年，它每年仅以4.1厘米的速度升高。之后，增高速度逐渐减缓，每年平均只抬升3.3厘米。现在，它仍在以不易察觉的速度缓慢上升。

有科学家认为，珠穆朗玛峰的增高犹如用岩石和泥土"叠罗汉"。当层层加码时，下面的岩石承受的压力逐渐变大，这必然存在一个极限。一旦达到这个极限，底下的岩石就会粉身碎骨，高山也将土崩瓦解，毁于一旦。那么，这一极限究竟是多少呢？

从微观角度来看，岩石是由岩石分子构成的，它们之所以能够彼此合作，构成坚硬的岩石，是因为它们之间存在电磁力。就像人们在叠罗汉时用自身的体力来支撑上面的重量一样，这里的"电磁力"和"体力"起着相同的作用。一旦上面的重量超过底下的人自身的体力，这个人就会站立不稳，最终支撑不住，叠不成罗汉。同样道理，当山的重量大于岩石分子之间的电磁力，也会造成叠不成罗汉的"悲剧"。于是，底下的岩石就将遭到破坏，高山就会摇摇欲坠，岌岌可危，从而造成山崩地裂的后果。

由此可见，山越高，它自身重量，也就是重力势能就越大。科学家利用一些基本的物理常数，通过演算得知，地球上的高山极限为10000米。由于地球上的山脉都没有达到这一极限，因此，它们将平安无事地屹立在地球表面的各个地方。如果地球上哪一座山脉企图"崭露头角"，向10000米的海拔高度冲刺，那么，按照这一理论，它的结局便可想而知了。

不过，2006年中国科学院地质与地球物理研究所研究员边千韬教授指出，喜马拉雅山已基本达到它的最大高度,今后不会再长太高,几百万年后还会出现下降的趋势。这一说法的依据是什么?珠穆朗玛峰到底能长到多高呢?让我们拭目以待吧。

绝美的天造之城——"魔鬼城"

关于魔鬼城有一段神奇的传说。传说这里原来是一座雄伟的城堡,城堡里的男人英俊健壮,城堡里的女人美丽善良,人们勤于劳作,过着丰衣足食的无忧生活。然而,伴随着财富的聚积,邪恶逐渐占据了人们的心灵。他们开始变得沉湎于玩乐与酒色,为了争夺财富,城里到处充斥着尔虞我诈与流血打斗,每个人的面孔都变得狰狞恐怖。天神为了唤起人们的良知,化作一个衣衫褴褛的乞丐来到城堡。天神告诉人们,是邪恶使他从一个富人变成乞丐,然而乞丐的话并没有奏效,反而遭到了城堡里人们的辱骂和嘲讽。天神一怒之下把这里变成了废墟,城堡里所有的人都被压在废墟之下。每到夜晚,亡魂便在城堡内哀鸣,希望天神能听到他们忏悔的声音。当然,这只是一个传说。"魔鬼城"究竟是怎样形成的呢?

"魔鬼城"又称乌尔禾风城,位于准噶尔盆地西北边缘的佳木河下游的乌尔禾矿区,西南距克拉玛依市100千米。由于其独特的地貌形态,形状怪异,当地蒙古族人将此城称为"苏鲁木哈克",哈萨克族人称为"沙依坦克尔西",均意为"魔鬼城"。其实,这里是典型的

魔鬼城

七　让我看看你的脸

青海大柴旦雅丹地貌

雅丹地貌区域，"雅丹"是维吾尔语"陡壁的小丘"之意，雅丹地貌以新疆塔里木盆地罗布泊附近的雅丹地区最为典型而得名，是在干旱、大风环境下形成的一种风蚀地貌类型。

据考证，距今1亿多年前的白垩纪，那里是一个碧波荡漾、烟波浩渺的淡水湖，湖的四周水草丰茂、沼泽连片、灌木葱茏、乔木蔽天，是多种野生动植物幸福的家园。后来，随着地壳长期缓慢下陷，湖中沉积了由砂岩、泥板岩组成的砂泥质地层。经过印支和燕山两次大的地壳运动后，地壳上升，湖水渐渐干涸，那里变成了一望无际的戈壁台地。台地的西北面对着进入准噶尔盆地的老风口，因此，这片戈壁台地常年受到五六级以上定向风的侵袭，加之大陆性气候所特有的暴雨、融雪型洪水的荡涤，日久天长，形成了无数的沟壑，加速了自然对台地的雕凿。由于组成台地的岩石性质不同，有的坚硬，有的松软，有的密实，有的稀疏，抗风化和雨蚀的能力不同，造成了差别洗礼，使台地变得状怪形奇，千姿百态。久而久之，造就了"魔鬼城"今日的神奇与壮丽。

走进今日的"魔鬼城"，你会感到那是一座古老沧桑的城，是一座奇幻神异的城，是一座蕴含丰富的城，是一座富有个性的城，是一座给人无边启迪、无尽遐想的城。它虽无桂林山水之秀、巍峨昆仑之险、九寨天池之美，但它的雄浑、它的纯朴、它的原始和大气，却无与伦比。"魔鬼城"的奇特在于它的变幻，随着熹微的晨光，伴着晚霞的脚步，一座座山丘，一个个城堡，不断地变化着自己的身姿容颜。"魔鬼城"的魅力在于它的包容，拥抱着天下之奇，身藏着众家之巧，蕴含着远古之谜。

拓展提升

相传，炎帝的女儿精卫遭遇暴风，在东海溺水而亡，化作了精卫鸟。为了报仇，精卫鸟去西山衔来石子和树枝，一次又一次投到大海里，想要把东海填平。

精卫填海只是一个传说，现实中，却真有一股滚滚洪流，把黄土高原的沙土源源不断地运往渤海，淤积出大片的土地，这就是黄河三角洲。如果只用一个词来形容黄河三角洲，那就是"年轻"：2015年，它刚满160岁。对于动辄以百万年计的大地貌来说，它就像个还在襁褓里的婴孩。

黄河不知疲倦地从黄土高原搬泥运沙，输送来的黄土在三角洲上一寸寸淤积，年均造陆32.4平方千米，将海岸线向前推进了0.5—2.2千米，真可谓沧海桑田。人们用"喷地"描述黄河造陆，真是形象极了。

思考：你还知道哪些"精卫填海"的实例？

延伸推荐

1.《UTOP权威探秘百科：火山和地震》，[美]肯·鲁宾编著，代世平译，晨光出版社2016年；关键词：火山，地震，成因，作用过程。

2.《地球的奥秘——岩石、地震与人的关系》，嵇少丞著，浙江教育出版社2017年；关键词：岩石，地震，地球。

3.《大地之美——千姿百态的地貌》，骆团结等著，北京出版社2012年；关键词：地貌，火山，千姿百态。

4.《DK狂野地球》，英国DK出版社编著，李璐译，电子工业出版社2016年；关键词：地球起源，造山运动，火山，地震，海洋，极端天气。

八　沙本无罪

狂风呼啸，黄沙漫天，比起洪水、地震和火山喷发，沙尘暴似乎更让人们谈之色变，成为人类生存环境中的难言之隐。

仰望黄沙，你可曾想过：沙尘暴缘起何处，又飘向何方？是人类破坏自然环境导致沙尘吗？沙尘暴仅仅是令人惊恐和厌恶的灾难吗？植树造林能有效减少沙尘吗？有关沙尘暴的是是非非，关乎地球与人类命运，在众说纷纭中，有多少声音是科学的呢？

主题阅读

寻沙记

夏威夷群岛是北太平洋上璀璨的明珠，那里美丽的风景征服了来自世界各地的人。第一次上夏威夷考察的科学家们感到奇怪，为什么这里会如此生机盎然？夏威夷远离大陆，是海底火山喷发后熔岩凝结而成的，这样的火山岩没有植物根系的作用根本无法形成土壤。没有土，哪里来的植物？而没有植物，夏

夏威夷群岛

沙尘暴肆虐美国

威夷又哪里来的土壤？最初一粒蕴含着无限生机和希望的肥沃土壤来自哪里？

科学家们乘着船航行在夏威夷附近的海面上，每天定时用一个圆柱形的装置对着海风收集空气中那些肉眼根本无法辨别的细小尘埃。类似的工作还在空中进行着。一架小型的科研用的飞机飞上不同高度，用同样的装置收集北太平洋上空不同高度大气中的微粒。这些尘埃被带到美国本土的实验室进行化验，与它们同时化验的还有另外一些土，这些土来自中国西北地区干旱苍凉的荒原。

化验结果让科学家们露出了欣慰的笑容，和他们猜测的一样，两者的成分非常相似——造就夏威夷最初的养料来自遥远的欧亚大陆内部。两地相隔万里，普通的风根本无法把内陆的尘埃吹到这么遥远的地方，是沙尘暴把细小却包含养分的尘土携上3000米高空，穿越大洋，像播种一样把它们撒下来。

然而，沙尘暴又是怎样形成的呢？早在几千万年前，青藏高原的隆起阻挡了来自印度洋湿润的西南季风，在中亚和我国的西北地区造成了大范围的干旱和荒漠区，而这一区域又正处在西风带上，这便为沙尘暴的形成提供了根本条件。风是土壤最直接的动力，是上帝抛沙的那只手。其中，气流性质、风速大小、土壤风蚀过程中风力作用的相关条件等是最重要的因素。当强烈的阳光照射在空旷的大平原上，热气加速上升，有助于沙尘悬浮并维持比较长的时间。而当冷暖空气在高空遭遇，产生的风势便将尘沙漫卷而去。风、沙与大气环流三者共同塑造了沙尘暴。

沙尘暴的源头又在哪里呢？美国迈阿密大学海洋与大气合作研究所依据长年监测和分析，根据环球臭氧化学空气气溶胶辐射与输送模式确定了世界10个主要的沙尘暴源头。

1. 索尔顿湖

位于美国加利福尼亚州东南，是加利福尼亚最大的湖。索尔顿湖区是世界沙尘暴的主要源头之一，很多沙尘暴都集中发生于索尔顿湖南岸的众多区域。

2. 戈壁

位于亚洲东部内陆，是世界大沙漠之一。戈壁是世界上巨大的荒漠与半荒漠地区之一，绵亘在中亚浩瀚的大地，跨越蒙古国和中国广袤的空间。戈壁多数地区不是沙漠而是裸岩。

3. 巴塔哥尼亚

位于阿根廷南部和智利交界处，是一片150平方千米的沿海草原。巴塔哥尼亚绝大部分地区贫瘠荒凉，强风吹走了土壤以及土壤上面的植被，所以它本质上是一片荒芜的沙漠地带。

4. 阿尔蒂普拉诺

这是一个相对来说较弱的，但是持久稳固的沙尘暴源头。阿尔蒂普拉诺是一块抬高的水中盆地，直径达1000千

戈壁

米，南达秘鲁，经过玻利维亚，最后进入阿根廷和智利。每年的下半年，沙尘活动达到高峰，9—11月达到顶峰。

5. 塔克拉玛干沙漠

位于塔里木盆地中部，为中国最大的沙漠。这里持久的沙尘活动开始于每年的2月、3月，在4月、5月达到顶峰，8月、9月结束。

6. 萨赫勒地区

它是撒哈拉沙漠南边一条宽阔的半沙漠地带，横跨乍得、冈比亚、马里、毛里塔尼亚、尼日尔、塞内加尔和布基纳法索等7个国家。

7. 撒哈拉沙漠

世界最大的沙漠，位于非洲北部，跨越11个非洲国家。

8. 印度河谷

位于印度西部，是世界上最荒凉的生态环境之一。气温变化非常极端，冬天接近冰点，夏天则超过45℃，每年降雨量为640—760毫米。

9. 艾尔湖盆地

艾尔湖是澳大利亚最大的咸水湖，位于澳大利亚最干旱的内陆河流域。艾尔湖盆地的沙尘暴开始于每年9月、10月，而12月到次年2月是高峰期，5月过后开始销声匿迹。

10. 纳米比亚沙漠地带

位于非洲西南部。在这一片广阔的荒地上，到处都是连绵的石头。

沙尘的功劳

在人们旧的观念中，沙尘暴是严重的自然灾害之一，具有较强的破坏性。其所到之处，往往造成土壤贫瘠、沙化加剧，农田民居被埋、设施被毁，空气污染、人畜病亡……然而，同样是沙尘暴，也为人类的繁衍生息做出了贡献。

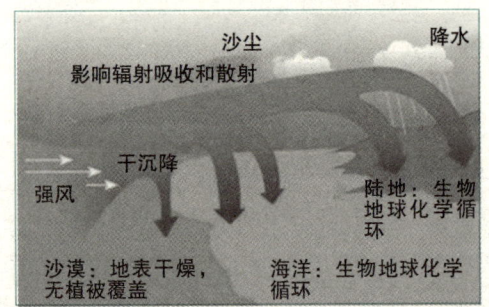

沙尘的功劳

一、随风飘舞，铸就沃土

早在人类文明出现在地球之前，风孜孜不倦地搬运沙尘，在陆地上造就了可以满足植物生长的肥壤沃土。中国的黄土高原就是250万年来北半球的西风带搬运中国西北部和中亚内陆沙漠和戈壁上的沙尘堆积而成的，也成为中华文明的摇篮。

随风而行的沙尘中，富含植物生长所需的营养成分。2002年3月20—22日，一场特大沙尘暴席卷北京，给北京的土壤带来了大量天然有效的物理肥料和化学肥料，丰富了土壤中植物生长所需的氮、磷、钾、钙、镁、硼等元素，改良了日益退化的土壤。

二、漂洋过海，补给海洋生物

沙尘漂洋过海时，部分随大气沉降进入海洋，为海洋生物提供营养物质。其中的氮和磷可明显促进海洋初级生产力，高强度的输入则可能导致浮游植物的暴发性增长。此外，全球海洋面积中，约20%是高营养低叶绿素海区。在这些海区中，铁元素是浮游植物光合作用的主要限制因子。含有大量铁元素的沙尘气溶胶沉降入海，促进了海洋的初级生产力，被称为沙尘的"铁肥效应"。

地球上50%以上的光合作用是由海洋的浮游植物进行的。浮游植物的增加，除了为其他海洋生物提供更多的食物来源，同时也固定了更多的碳，进而使大气中二氧化碳浓度降低，减少大气中温室气体含量，以减轻全球变暖效应。

三、云霄嬉戏，调节气候

沙尘对气候变化还有其他影响。比如，飘浮在大气中的沙尘，白天像一把巨大的阳伞，遮住阳光，使地面温度降低，减缓气候变暖，此谓"阳伞效应"；沙尘气溶胶可作为云的凝结核或冰核，通过与云的相互作用，改变云的物理特性、光学特性、生命周期和云量，增加区域降水，此谓"冰核效应"。

四、逢酸必诛，降低污染

沙尘中携带的碳酸盐和可溶盐是碱性碳库的重要来源，其氢氧根离子可与大气中工业排放的大量酸性离子发生中和作用，减少酸性污染物溶于雨雪形成的酸沉降，此谓沙尘的"中和酸雨效应"。我国南北方的工业酸性污染物排放程度大致相当，但酸雨主要出现在长江以南，北方只有零星分布，专家分析，北方的沙尘天气功不可没。

如果世界上没有了沙尘，那我国就没有了黄土高原，也就没有了沃野千里的黄淮海平原，更没有了生生不息的海洋生物和我们每天享用的海鲜，亚马孙雨林更是失去了绿色的光泽。这可真是"以天为本，沙漠有功；以人为本，沙漠有过"！

（作者：万志红，卢琦；选自《知识就是力量》2015年第4期）

无法根治的沙尘暴

据报道，2018年春，北方地区沙尘天气次数、强度略高于2017年同期，但次数和强度均低于2001年至2017年同期均值和常年均值。监测数据显示，3月1日至5月31日，我国北方地区共发生10次沙尘天气过程，其中沙尘暴3次、扬沙7次，影响范围涉及西北、华北、东北等15省（区、市）768个县（区、旗）。沙尘暴治理了这么多年，为什么无法根治呢？

一、从根本上杜绝不可能

沙尘暴是一种自古已经存在的自然现象，在地球上至少已经存在了几十万年到数百万年甚至更长时间，中国的黄土以及南极和格陵兰的冰芯记录为此提供了充分的证明。沙尘暴的产生主要是由自然因素导致的。当今的地球气候形势决定了在南北回归线正负5°—10°的范围内出现一个干旱气候带，在陆地上形成大片沙漠。沙漠的出现提供了沙尘暴形成的"物质基础"，在适当的天气和气候条件下，沙尘暴的发生将是不可避免的。抱着一种"人定胜天"的想法去消灭沙尘暴是不现实的。人类治理沙尘暴只有短短几十年的历史，积累的经验和手段不足，治理将是一件非常困难的事，想从根本上杜绝这种现象是不可能的。

甘肃省民勤县麦草固定沙丘

二、沙尘暴治理不能"一刀切"

对于沙尘暴的治理,多植树、多种草被认为是最好的办法,但要根据不同的环境条件采取不同的措施,宜林则林,宜草则草,宜荒则荒。比如,在年平均降水量只有几十毫米的干旱沙漠地区,植树种草几乎没有任何意义,因为这里气候干燥、水源短缺,而保证草木的生长需要大量的水,植树种草也许能取得暂时效果,但难以持久。而在年平均降水量200—400毫米的地方,植被具有自我恢复的能力,只要不再开荒、过度放牧,停止人为破坏活动,将草场围栏保护起来,在1—2年内植被就能恢复,从而起到减缓沙尘暴的作用。

新疆塔里木盆地沙漠荒滩植树

为了治理沙尘暴而植树,但又不讲科学植树的方法,反而会"种出"更多的沙尘暴。挖草种树,砍灌木种乔木,不重视乡土树种,盲目引进外来品种,这是一种错误的种树方法。在西部干旱地区,如果树活不了,挖开的土水分更容易散失,土地更容易荒漠化,大风一来,反给沙尘暴帮了忙。西部有些地方,按气候条件,只适合种草、耐旱的灌木,不适宜种树,特别是杨树等乔木,在一些缺水的干旱地区,不宜大面积种植。树木的蒸腾作用相当于抽水机,当沙漠地区宝贵的地下水被抽走后,树木只有死路一条。种树,要讲科学;治理沙尘暴,要在科学的基础上行动。

大自然本身具有自我调节的能力,这种能力不以人的意志而转移,只有顺应了自然的发展规律,才可能花费最低的成本起到较好的治理效果。

拓展提升

土地荒漠化是世界性的难题,全球约三分之一的人口生活在荒漠化危害地区。沙尘暴就像瘟疫一样,困惑着北美、澳大利亚、中亚以及中东地区。为此,全球围绕沙尘暴治理投入了大量的人力与物力。

1. 中亚:为了治理沙尘,当地开始沿着草原区和森林草原区,营造规模巨大的防护林带;同时还采取飞机播绿、调整农业结构等方式进行沙尘暴的治理。

2. 中东：黄金铺就绿色。斥巨资绿化城市，主要聚集在盛产石油的海湾国家，如多哈、迪拜等城市。节水保护生态，如以色列利用雄厚的经济实力和尖端的农业技术，大力推行滴灌等节水技术。

3. 澳大利亚：围绕牧场治沙。严格实行轮牧，大力推行圈养，通过割草圈养牲畜，保留了草根，起到了固沙的作用。政府每年都要对各牧场作一次普查，以确定次年的载畜量，并科学测算牛、羊的数量搭配。

4. 美国："天地结合"降沙尘。将天气预报和地面治理结合起来，在每次强风到来之前，气象部门提前48小时准确预测强风的行走路径，然后在其经过的地区对裸露的耕地进行喷灌，使之湿润结实，切断风沙源，成功减少了沙尘暴的发生。

思考：借鉴各国的成功经验，遵循因地制宜的原则，谈一谈我国西北地区应如何防沙治沙。

延伸推荐

1.《肆虐人类的沙尘暴》，《肆虐人类的沙尘暴》编写组，世界图书出版公司2014年；关键词：沙尘暴，成因，危害，治理。

2.《满天飞沙：沙尘暴灾害的防范自救》，徐帮学编著，河北科技出版社2014年；关键词：沙尘暴，影响，防御，治理。

3.《中国国家地理》2003年第4期；关键词：沙尘暴，治沙。

九　朝代兴衰的幕后推手

"彼苍者天，曷其有极！"当中国古人面对变幻莫测的天道，发出如许浩叹时，他们无从得知，气温的些许变化，哪怕是1℃的升降，都会引发人类社会大规模的动乱、战争和民族迁徙。改朝换代，"兴，百姓苦；亡，百姓苦"。除了人为因素之外，自然之手是否以它神奇的力量，推动着朝代的更替，历史的变迁？

玛雅文明在片刻辉煌后神秘湮没在中美洲的葱郁森林中，令人唏嘘。从古埃及文明的崩溃到楼兰古城的消失，从古巴比伦的灭亡到罗马帝国的衰败……历史的长河沉淀了许多令人费解的谜团。我们也曾无数次地追问，究竟是什么改变了山河，改变了历史？又是什么在悄悄改变着地球的容颜？

让我们慢慢揭开古代文明的消亡之谜，追寻朝代兴亡的幕后推手。

主题阅读

朝代之终结，天作孽？

中国近代地理学和气象学奠基人竺可桢在1972年发表的《中国近五千年来气候变迁的初步研究》中，结合史学、物候、方志和仪器观测，将过去5000年的气候变化大致划分为4个温暖期和4个寒冷期。巧合的是，不同冷暖期所相对应的朝代，也正是王朝兴衰更替的关键时期。

一、古代王朝战事多源于北方

中国5000年的气候变动有逐渐变冷变干的趋势。第一个温暖期（前2000—前1000）：夏、商、西周。第一个寒冷期：东周。第二个温暖期：两汉。第二个寒冷期：三国魏晋南北朝。第三个温暖期：唐朝。第三个寒冷期：五代十国两宋。第四个温暖期（相对温暖，但不及之前温暖）：明朝。第四个寒冷期（17—19世纪）：清朝。

从以上寒冷期与温暖期的周期中我们可以清楚地看到，温暖期一般建立了强大的中央政权，此时国土面积广大；寒冷期则汉人政权实力大打折扣，边疆少数民族则兴盛起来。

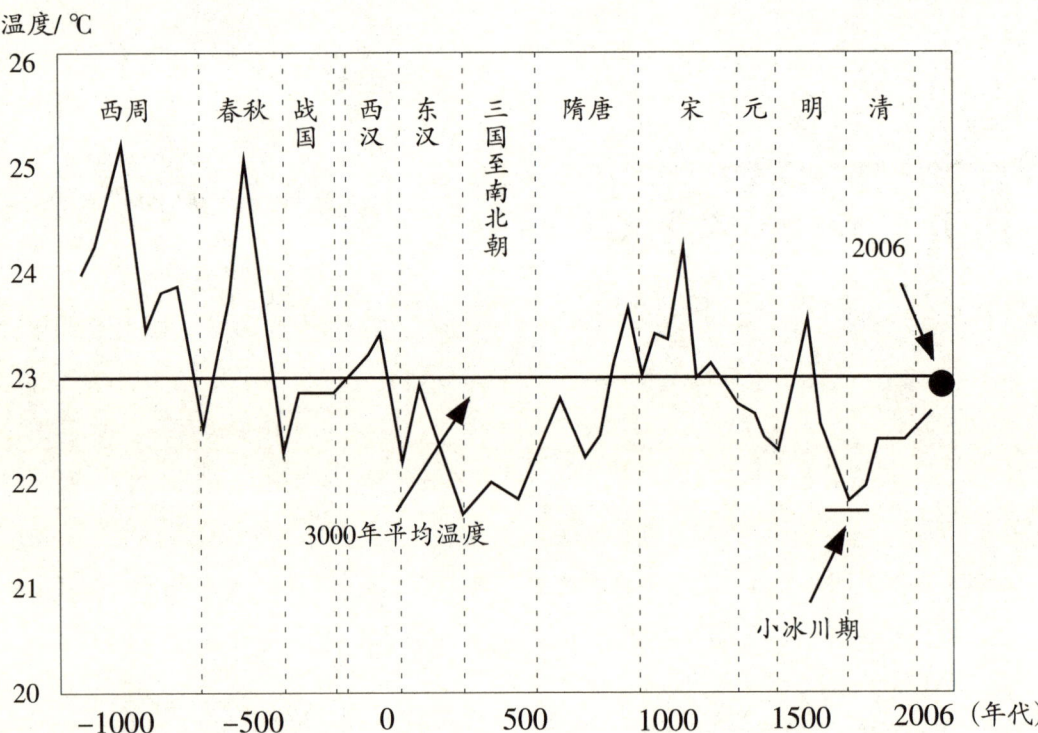

气候变迁与王朝兴衰的规律

中国古代史上的民族入侵矛盾，主要来自北方大漠。因为古代中国是一个大陆国家，东、南两面有海洋，基本上是人类探索世界的阻碍。西面有高大的青藏高原和广阔的沙漠，外族受地形和气候限制，不可能对中原的汉族政权造成影响。所以，汉族政权在古代一直蒙受来自北方的压力，如匈奴、突厥、契丹、女真、蒙古等。

北方少数民族地区是游牧经济，完全靠草原来养活自己。当气候变冷时，草原生存条件变差，他们得不到充分的食物供给，便会向中原的汉族政权发起进攻，以获得食物。所以，北方外族入侵频繁期，实际上是在一个气候变冷的大背景下，迫于生存压力造成的。而此时，中原也会变冷，粮食等物资大幅减产，综合国力有所下降。由此可知，在气候寒冷时期，中原王朝将面临内忧外患的窘境。

二、王朝更替与古代气候冷暖有关

来自中国科学院地球环境研究所的一项最新研究成果显示，过去两千多年的气候冷暖变迁，与我国历史上一些朝代的兴衰更迭存在对应关系，大多数朝代的垮塌都发生在气候变冷的低温区间。秦朝、三国、唐朝、宋朝（北宋和南宋）、元朝、明朝和清朝的灭亡年代，都是处于过去2485年来平均温度以下或极其寒冷的时期。

例如，历史文献研究表明，1—6世纪（贯穿我国东汉、三国、魏和晋朝），我国气候相对较冷，温度大部分都处于过去2485年来的平均温度（2.07℃）以下。由于气候寒冷，晋朝时期的草场、牧地已延伸到黄河以南区域，农业用地也在往南退缩，整个中国西北部处于干冷气候中。其中，348年至366年达到了过去2485年间寒冷的顶点，年平均温度仅为1.62℃。虽然汉朝和东晋的灭亡相对于其之前的低温时期有一些滞后，但在朝代灭亡之前战乱早已经开始。例如，晋朝灭亡于420年，但战争带来的社会动荡在386年就已经开始，而这一年正接近于温度曲线中的温度最低点。唐朝灭亡的907年，相对于其之前和之后的温暖期来说，也是一个低温期。1271年至1296年是一段寒冷时期，26年的平均温度为1.82℃，正对应着我国宋朝的灭亡和元朝的建立。1599年至1702年也是一段漫长的寒冷时期，这104年间的平均温度为1.77℃，正是我国明朝灭亡、清朝建立的时期。

历史上，气候变冷与中国的内部分裂期的重合并不是偶然的，气候变迁是影响朝代更替的重要因素之一。虽然每一次战争、动乱和改朝换代都可以从政治、经济、文化和民族矛盾上找到直接的引发理由，但寒冷期粮食减产所带来的环境承载力下降无疑激化了各种社会矛盾，起到了推波助澜的作用。

气候毁了古文明？

历史上有许多不解之谜，其中之一就是许多古代文明居然会一下子崩溃。最近考古学家发现，许多很不相同的古代文明的崩溃历程有着惊人的相似，它们均遭受到不同形式的环境退化和气候变迁，由此产生的衰败使入侵民族有了可乘之机。

一、玛雅文明的衰落源于干旱

玛雅人曾经创造了辉煌的文明，然而在很短的时期内，这个曾经辉煌发达的人类文明就戛然而止了。考古学家认为气候变化是导致玛雅文明消失的最具体的因素，并且对于玛雅历史变迁起到重要作用。

通过研究发现，玛雅文明早期降雨量较充沛，没落时期降雨量严重减少，并出现大范围的干旱。较丰富降雨量时期对应300年至600年，当时玛雅人口增

玛雅文明遗迹

长,政治中心繁荣昌盛。然而在660年至1000年,其气候逐渐干旱,降雨量减少,引发了政权争斗,伴随着战争频发,社会变得动荡不安,最终导致玛雅政权瓦解。在1020年至1100年,干旱气候进一步加重,带来相应的农业减产、饥荒、死亡、迁徙,于是玛雅人放弃了繁荣的城邦,走向热带雨林之中寻找食物和避难所。原本宏伟壮观的玛雅宫殿也失去了当年的光彩,成为杂草丛生、野兽出没的一片废墟,很快被热带雨林掩盖起来。最终,玛雅文明在饥荒死亡中向北部高地发展,但是残留的玛雅人已无法再现往日的繁荣与辉煌。16世纪,欧洲殖民者到达美洲,对落后的玛雅部落进行残忍的杀戮掠夺。最终,曾经繁华宏伟的玛雅古城变成一片杂草废墟,玛雅文明也彻底消亡。

二、冷湿气候使盛唐走向衰落

唐朝是中国历史上最强大的帝国之一,在世界历史上也很有影响,但就是这样一个朝代,其兴盛和衰落也与气候有着不可分割的关系。唐朝统治的300年中,大雪奇寒年数比较少,冬天无雪的年数竟达19次之多,居中国历史上各朝代之冠,属于中国历史上的一个温暖期。唐代张籍《送蜀客》说"木棉花开锦江西",说明当时成都有喜温暖的木棉种植。随着气候变得温暖,加上一些人为的因素，唐朝传统的农牧业界线北移，这使唐朝的边防有了当地的给养支持，军事防御更稳固，北方游牧民族也不敢轻易南下。

唐代后期，气候开始由温暖转而冷湿，寒冬和雨灾相继到来，有时春秋两季也出现了霜雪冻坏庄稼的现象。冷湿的气候更是给契丹等北方少数民族地区带来了很大的影响，为了生存，他们只有向南推进，形成对中原农业民族的威胁。唐玄宗重用安禄山等胡人将领的重要原因也是为了压制北方民族，然而没有想到的是安禄山竟然发动叛乱，使得大唐的繁荣从此不再。

三、特大干旱导致吴哥城消失

1000多年前，在东南亚柬埔寨有一座世界上最宏伟的都城，这个城市始建于802年，完成于1201年，繁荣了600年，然而在15世纪初，这个城市突然消失了。它就是吴哥城。考古学家认为吴哥城的消失可能与气候有关，这座柬埔寨古都的灭亡可能是由600年前的一场大干旱造成的。科学家一直在东南亚地区采集树木年轮的样本，以建立这一地区在过去几百年中的气候记录。通过得到的数据，他们发现在过去700多年间，东南亚至少发生了4次特大干旱灾

吴哥城遗迹

害,其中一场旷日持久的特大干旱灾害发生在1415年至1439年,这与许多考古学家得出的吴哥城灭亡的时间段正好吻合。吴哥城之所以能作为一支强大的势力在中世纪崛起,全仗着一套高明的蓄水系统,这套系统在干旱季节帮助古城储蓄水源,在雨季时又可发挥泄洪的作用。然而,几百年不遇的大旱使这套蓄水系统运作失灵,农业因之荒废,再加上年复一年无止境地建造神庙,这片土地上的人民早已不胜负荷。

此外,因为气候变迁和环境破坏遭遇衰败的古代文明还有许多,如古埃及王国、罗马帝国、古巴比伦王国、美国西南部的阿那萨齐族、圣路易斯郊外的卡何齐亚土丘的建造者、格陵兰岛的古挪威人、复活岛雕像的建造者、非洲的大津巴布韦等。

(作者:陈默;选自《百科知识》2013年第2期)

被天气驱动的"一代天骄"

12世纪,中国北方草原上气候巨变,十年间暴雪不断,牧草大量冻死,蒙古游牧民族的各个部落不得不拼命向为数不多的草地聚集。为了争夺仅剩的一点牧草,蒙古游牧民族内部各部落爆发了激烈的内战,经过合并后出现了最后的胜利者——成吉思汗。但是,仅剩的一点牧草也被吃完了,游牧民族的牲畜都死光了,于是成吉思汗带着有史以来最强大的军队为了生存向南进发,最后宋朝、西夏灭亡了。这是一些古代战争爱好者对成吉思汗南下攻打宋朝这件事,从气候角度所做的解读。

防范游牧民族的入侵,恐怕没有一个文明会比中原王朝更有经验、更殚精竭虑了,因为中国是古代文明中受游牧民族入侵威胁最大的文明。游牧民族生活在欧亚大草原的风暴核心,那里正是中国正北方的蒙古高原。相比农耕民族,游牧民族的经济生态更为脆弱,一旦出现寒冷和干旱天气,万里长城也无法阻挡游牧民族的南下了。

我们有理由认为,天之骄子成吉思汗的兴起,正是气候变冷的缘故。

自成吉思汗建立蒙古国始,其一连串的对外征伐成为后人津津乐道的对象,却很少有人留意,在蒙古国疯狂对外征伐的同时,蒙古高原正遭受一连串罕见的自然灾害。

在拔都西征欧洲的1240年,蒙古草原因干旱而野草自燃,史称"牛马十死八九,民不聊生"。此时,正是草原上受灾的游牧人大规模南下之时。据《元史》载,自成吉思汗建国至灭宋,北方草原地区被迫南下的贫民数量高达近90万户。

不少人猜测，西征欧洲一路所向无敌的蒙古兵，1242年因窝阔台病死撤回，再度西征会如何？这为古代军事史爱好者提供了极多的想象和计算空间。不过，人算不如天算。之后，蒙古人转而直接南下征服南宋，原因其实很简单，此时气候寒冷，北方草原生活已非常艰难，使得再度西征已成为不可能。

（作者：孙健；选自《气候变化的故事》）

拓展提升

"应对气候变化·记录中国"活动是气象部门联合各大媒体共同报道的一系列气候变化实地考察与科普宣传活动，旨在从科学角度见证气候变化，面向公众宣传应对气候变化，在气候变化领域发出气象部门的声音。自2010年以来，该活动先后在青海三江源、内蒙古阿拉善盟、江西鄱阳湖、广西红水河流域、广东沿海城市、湖南洞庭湖、内蒙古锡林郭勒、甘肃河西走廊、陕西秦岭等地进行了考察。考察团从气象科学研究和媒介传播的综合视角，走访了上述受气候变化影响的典型区域，看到了在全球变暖背景下出现的冰川融化、干旱、海平面上升等不利气候事件给生态环境带来的影响，验证了我国多年来的气候变化观

新疆天山中国一号冰川

测与研究成果，同时也看到了各地政府和企业在应对气候变化过程中采取的积极举措。

随着"一带一路"倡议的提出，新疆作为丝绸之路经济带的核心区，其日益突出的气候变化问题越来越受到重视。新疆自古便是气候变化影响的敏感和脆弱地区，受气候变化影响，未来新疆还将面临更高的灾害风险和更加脆弱的发展环境。2016年9月6日—9月12日，"应对气候变化·记录中国"活动以"探寻丝绸之路经济带核心区的发展机遇和选择"为主题，实地探访新疆受气候变化的影响及当地应对气候变化的积极探索。考察团从新疆乌鲁木齐开始，途径达坂城、吐鲁番、克拉玛依，探访风电厂、油田区、一号冰川、新能源示范区等地，了解当地受气候变化影响的真实面貌，找寻应对与适应气候变化的途径与措施。

思考："一带一路"倡议的实施给新疆应对气候变化带来了哪些优势？

延伸推荐

1.《气候变化的故事》，孙健主编，人民邮电出版社2011年；关键词：气候变化，灾难，应对。

2.《大迁移：气候变化与人类的未来》，[美]法里斯著，中信出版社2010年；关键词：气候变化，影响，人类未来生活。

十　全球变暖，祸兮福兮

南太平洋岛国图瓦卢水清沙白，椰林摇曳，民风淳朴，犹如世外桃源。然而，由于全球变暖，这个汪洋中的弹丸之地饱受海水侵蚀之苦，即将永远消失在苦涩苍茫的太平洋中……难道这个美丽岛国注定只是属于"上帝的花园"吗？

全球变暖，融化出了北冰洋的黄金水道，全世界最有利可图的便捷航道——西北航道解冻了，北极会不会爆发新的冷战？

昔日的北极霸主北极熊如今处境堪忧，溺水身亡，同类相残……种种离奇的故事背后隐藏着怎样的秘密？

让我们一起看全球变暖，是福还是祸？

主题阅读

图瓦卢的悲剧

在美丽的南太平洋上镶嵌着许多风景绮丽的岛国，位于斐济以北的图瓦卢便是其中美丽的一个。

图瓦卢总面积只有26平方千米，总人口1.1万人，属于热带海洋性气候，一年四季风景如画。人们将构成这个国家的9个环状珊瑚小岛称为太平洋上的"九颗闪亮明珠"并不过分，因为在很多人眼里，图瓦卢真的像一个世外桃源。

然而，美国权威的华盛顿地球政策研究所发表了一份不仅令图瓦卢人民，也令所有关心人类命运的人闻之心焦的"讣告"：由于人类不注意保护地球环境，保持生态平衡，由此造成的温室效应导致海平面上升，太平洋岛国图瓦卢的1.1万国民将面临灭顶之灾。唯一的解决办法就是全国大搬迁，永远离开这块他们世世代代居住、生活的土地。

2001年11月，图瓦卢领导人在一份声明中说，他们对抗海平面上升的努力已告失败，并宣布他们将放弃自己的家园，举国移民新西兰。图瓦卢将由此成为全球第一个因海平面上升而进行全民迁移的国家。

2002年初，气候变化国家小组公开了一份由以3000名科学家的调查为基础撰写的报告。专家预言，如果地球环境继续恶化，在50年内，图瓦卢9个小岛将全部没入海中，在世界地图上永远消失。

渐渐消失的图瓦卢

其实，这只不过是这个太平洋岛国不得不面对的灾难的开始。自20世纪海平面上升以来，图瓦卢的生存便受到了极大的威胁。数年前，该国前总理佩鲁曾声称图瓦卢最终将永远被汪洋吞噬，并开始呼吁图瓦卢人另觅容身之所。当时他说，这样的情况是"最坏的打算"。但没有想到，此话余音未了，图瓦卢人民已不得不准备他们的搬家行李了，成为名副其实的"环境难民"。

在过去的100年里，全世界海平面一共上升了18厘米。目前全球科研机构都认为，地球已进入了海平面"加倍上升期"。导致海平面上升的主要原因有两点：一是地质原因，另一个是气候原因。近百年来，气候因素成为造成海平面上升的最主要原因，而气候的变化主要归结于人类社会工业化程度的不断提高而造成的温室效应。

据悉，基里巴斯、库克群岛、瑙鲁和萨摩亚等低地岛国也面临着同图瓦卢一样的威胁。这些由珊瑚礁形成的海岛普遍地势极低，当地居民都能亲身感受到海水的滋漫上侵已逼近家园。

被海水包围的公路

如果形势得不到改观，图瓦卢注定会成为第一个因海平面上升被迫撤离家园的国家，然而，更加不幸的是，它绝对不会是最后一个。那么,下一个会轮到谁呢?

(作者:丁峰,杨教;选自《环境》2002年第6期)

航道解冻,谁主沉浮

北极的命运,几乎被一张卫星图片改变了。2007年9月14日,欧洲航天局在一条极其简短的消息中宣布,根据卫星观测图像,发现北极西北航道已经解冻,可以通航。在地图上,这条传说中的西北航道从加拿大东北部戴维斯海峡开始,沿加拿大北部海岸直达美国阿拉斯加州,连接大西洋和太平洋。从12.5万年前的冰河世纪至今,西北航道和俄罗斯北部的东北航道第一次同时冰融开通。

北极地区卫星图像

在学界看来,西北航道如同"耶稣在最后的晚餐中那个圣杯一样重要",因为它将整个地球最富裕的北美、西欧

9月西北航道上的浮冰

和东亚三大区域连在一起。长期以来,三大区域的商船只有通过苏伊士运河、巴拿马运河和非洲好望角到达太平洋,航程都在2万千米以上,但这条刚刚解冻的航道可以为他们减少1/3甚至更多的距离。地缘政治学家们毫不矜持地将这条水道称为"全世界最有利可图的便捷航道"。

事实上,早在500多年前达·伽马沿着非洲探索东方之路时,人们就在梦想着穿越北极海区,打通一条更加便利的航道。1566年,一位英国勋爵运用已知的海洋、海流、民族志、动物学资料论证出西北航道必然存在,但那时,一切只是纸上谈兵。1845年,英国著名的航海家约翰·富兰克林带着足够3年的补给和当时最先进的蒸汽机、推进器,信心十足地想要穿过这片神秘的海域。可是在抵达北极圈不久,富兰克林的轮船就陷入浮冰,无法前行,他和船员们只能在冰冷的船上度过寒冬。最终,他们被

070 地理来了①

芬兰破冰船穿越西北航道

寒冷、疾病和饥饿击倒，陆续倒在冰冻的荒野，无一生还。20世纪初，挪威探险家阿蒙森再次踏上这条"死亡航程"。因为生活拮据，他借钱买了一艘二手船，仅仅雇用了6名水手。1903年9月9日，航行刚刚开始3个月，北冰洋漫长而寒冷的极夜就已经开始了，考察船只好在浮冰上度过可怕的冬天。他们好不容易挨到第二年夏天，但倒霉的阿蒙森又发现，这里气温偏低，海冰并未融化。直到1906年，他才顺利地穿过白令海峡，抵达了太平洋。

如今，穿过西北航道可没这么困难了。有报告称，覆盖在北冰洋上的冰层，每10年大约缩减3%—4%，自2000年起，冰雪融化速度加快，每10年消融将近8%。欧洲航天局在2008年表示，北极冰层融化的速度已达到了"极端"。

其实，超级大国的目光早就盯上了这条黄金水道。美国海军早在2001年就曾预测："不出10年，西北航道每年会有一个月可以通航。"当2007年欧洲航天局的消息传来时，俄罗斯的深海潜水器在北冰洋4261米深处插上了一面钛合金的俄罗斯国旗，以宣示对北极的主权。美国的破冰船也不甘示弱，它们驶进北极海域，并准备组建"北极舰队"。时任加拿大总理的哈珀干脆展开了3天的北极之旅，亲自出马宣示主权。美国官员称俄罗斯在北极宣示主权的行为是"异想天开"，美国媒体也指责俄罗斯引发了一场争夺北极的运动。英国《观察家报》描写道："在北冰洋黑暗的深处，一场新的冷战正在酝酿。英国和美国的核潜艇潜伏在阴影之中,他们准备联合出击,以对付来自俄罗斯的威胁。"美国和加拿大这对"好兄弟"也撕破了脸面。美国认为,西北航道是一条国际航道,各国"均有权通行";加拿大则干脆在北极地区召开新闻发布会,明确宣布"凡驶入西北航道的船只必须在加拿大海岸警卫队登记备案"。

总之,一切都乱了套。政要们一边在世界各地开会讨论减低碳排放,一边拼命争夺着温室效应带来的巨大收益。在不久的将来,当这条了不起的航道最终成为新的"大西洋—太平洋轴心航线"时,也许正是北极和它的居民们走向消亡的时刻。

(作者:赵涵漠;选自《中国青年报》2011年6月1日)

北极霸主,路在何方

北极熊号称"北极圈霸王",是北极的代表动物,这个物种在北极地区至少已生活了100多万年,它们经常在冰川上逛来逛去,在茫茫无边的冰雪世界里确定了自己无可争议的统治地位。北极熊经常跋涉上千千米寻找食物,累了就在浮冰上休息,就像农民离不开土地一样,北极熊不能没有海冰这个漂浮而舒适的"家"。

无助的北极熊

2004年,美国科学家在波弗特海湾发现了4只被溺死的北极熊,作为声名远扬的超强游泳高手和整天在浮冰上来往穿梭的行者,溺死事件显然是对北极熊的"嘲弄"。

同年1月,在北极熊的领地发生了一起离奇的命案,人们在一个塌陷的洞穴中找到了两具小北极熊的尸体,洞穴外面有动物连续重击洞穴顶部的痕迹,在不远处,有一具残缺不全的母熊的尸体。这起恶性伤"熊"事件究竟是谁所为?经美国和加拿大的科学家调查,竟然是母熊的老公、小熊的爸爸——雄性北极熊所为。

是什么原因导致了这些事件的发生?科学家们将其归咎于全球变暖导致北极冰盖的退缩。

北极熊不是水生动物,它们的家在海冰上。在正常情况下,北极熊游四五十千米是可能的,但再远就难以安全登岸了,还会有溺毙的危险。所以,善游泳的北极熊是因为海中冰块分离开的长度超过了它们的游泳能力而被溺死的，憨态可掬的北极熊变身"凶手老公"的原因是饥饿。

北极熊同类相残

北极熊最喜欢吃的食物是海豹，它们通常在冰上猎狩。当发现远处冰块上有海豹休息时，它会悄悄潜水过去，上岸后用前爪遮住自己黑色的鼻子，然后突然出现在海豹面前，使之无法逃脱；有时也趴伏在冰窟窿附近的海冰上，等到海豹露出头呼吸时，再发动突然袭击。但是由于海豹游泳的速度远远超过北极熊，在没有浮冰做掩护的地方，北极熊是奈何不了海豹的。北极熊每天要吃4千克左右的海豹肉，但随着脚下冰层的消失，捕食海豹变得越来越困难。显然，食物稀缺的压力已经把北极熊推到了相当悲惨的境地，昔日的"北极霸主"如今处境堪忧。

那么，北极熊真的会灭绝吗？科学家预测，到2050年，北极熊的数量将减少30%，只有加拿大北部的北极地区和格陵兰西岸地区才能够让全球1万多只北极熊继续存活下来。当然，这只是预测。北极熊的未来究竟如何，谁都很难下定论。不过，世界自然保护联盟已将北极熊列入了濒危物种的红色名录，北极熊的未来恐怕不得不依赖人类更多的保护措施。

（作者：孙健；选自《气候变化的故事》）

拓展提升

全球变暖问题已经成了各国政府和科学家们最为关注的环境问题之一，有人相信地球拥有从"全球变暖"伤害中"自愈"的能力，也有人则相信全球变暖将给人类带来一系列难以想象的自然灾难。为了拯救地球，世界各国的科学家们设想出了10大解决全球变暖问题的"怪招"。

1. 给格陵兰岛盖张"毯子"：用巨大的毯子将格陵兰岛盖住，不让它照射到太阳光。

2. 向海中撒铁粉养绿藻：不停地向海洋中播撒铁粉粒子，繁生出来的绿藻就能够吸收人类排放的二氧化碳。

3. 沙漠罩塑料膜当"反射镜"：在撒哈拉沙漠铺上反射性物质（如聚酯

薄膜），将更多的阳光反射回太空，从而使地球变得更凉快。

4. 在太空中撑"遮阳伞"：将数万亿片的超薄硅镜发射到太空中，组建成一个太空"遮阳伞"，从而将射向地球的阳光减少2%。

5. 派船队朝天喷海水造云：将海水以薄雾形状喷撒向空中，增厚云层的密度，从而可以将4%的阳光更多地反射回太空。

6. 建"水母农场"消耗"碳"：建造大型的海洋处理工厂，人工饲养数万亿水母，并将它们用作清洁海洋和大气的"生物过滤器"。

7. "人造火山"造多云天空：人类可以造出一个类似火山爆发后形成的多云天空，从而阻挡更多的阳光照向地球。

8. 烟囱上装"超级过滤器"：在发电厂的烟囱上安装一种"超级过滤器"，可以将二氧化碳气体转变成无害的碳酸氢钠（小苏打）。

9. 将地球慢慢推离太阳：借助一颗约100千米长的小行星来改变地球的轨道，将地球推得距太阳更远，从而让地球变凉快。

10. 空投"罐头树苗"造林：通过"空投法"重新栽植森林，吸收全球15%的温室气体。

思考：作为中学生，面对气候变暖，你能做些什么？

延伸推荐

1.《21世纪科学前沿：全球变暖》，[英] 祖西·霍奇著，杨保林译，华夏出版社2017年；关键词：全球变暖，温室效应，气候变化。

2.《全球变暖生存手册：77个阻止全球变暖的方法》，[英] 罗斯切尔德著，翟莹译，上海交通大学出版社2009年；关键词：全球变暖，环保行动，拯救地球。

3.《隐形杀手——温室效应》，韩微微主编，吉林美术出版社2014年；关键词：温室效应，影响，环境保护。

4.《四季如夏的危机：气候变暖》，燕子著，哈尔滨工业大学出版社2017年；关键词：全球变暖，面临问题，减缓措施。

5.《全球变暖：毫无来由的恐慌》，[美] 弗雷德·辛格等著，林文鹏、王臣立译，上海科学技术文献出版社2011年；关键词：全球变暖，保护环境，节约资源。

6.《环球同此凉热》，中央电视台编，人民出版社2013年；关键词：气候变化，人与自然关系，生态文明道路。

十一 上帝的"双胞胎"

在秘鲁利马以南的沿海,有一个美丽富饶的渔场。在沿海的群岛上栖息着成千上万只海鸟,它们飞来飞去,嬉戏于此,鸟声鼎沸。1982—1983年,一件令人匪夷所思的事情打破了这里的宁静——秘鲁卡亚俄沿海庞大的鳀鱼群悄然失踪了,以鳀鱼为食的海鸟也失去了赖以生存的食源,不久就死去了。原来生机勃勃的海滩上,此时一片凄凉,留下几万只海鸟的残骸。这一切究竟是怎么回事?原来是这片冷水海域里出现了一股活跃的暖流——厄尔尼诺。"厄尔尼诺"和"拉尼娜"这对性格截然相反的"兄妹"造成的气候异常,究竟有多大的威力呢?

主题阅读

神秘的"圣婴"

就在秘鲁发生那场严重的渔灾时,研究天气异常的科学家也把注意力转向一支不寻常的暖流上。随着研究的深入,他们越发深信不疑,全球气候变坏,就与这支名为"厄尔尼诺"的暖流有关。真是厄尔尼诺引起气候的异常吗?人们打开历史的案卷,一切真相大白了。

19世纪初期开始,秘鲁和厄瓜多尔海岸,每年从圣诞节起至第二年3月,都会发生季节性的沿岸海水水温升高的现象,3月以后暖流消失,水温又会逐

厄尔尼诺现象造成旱灾

厄尔尼诺现象造成洪灾

渐变冷。当地称这种现象为"厄尔尼诺",西班牙语的意思为"圣婴"。人们之所以为其取名为"圣婴",一是因为它常发生在圣诞节前后,更主要的原因是它与当地的丰收年景有关。然而,厄尔尼诺现象的危害性也非常大,它曾使南部非洲、印度尼西亚和澳大利亚遭受到前所未有的旱灾,同时也给秘鲁、厄瓜多尔和美国带去了暴雨、洪水和泥石流。据历史记载,自1950年以来,世界上共发生过近20次厄尔尼诺现象,其中1997年发生的那一次最为严重。从20世纪90年代以后,随着全球变暖,厄尔尼诺现象出现得越来越频繁。

一支太平洋东部的赤道暖流,为什么能破坏大气环流的正常工作,影响气候的变化呢?原来,浩瀚的大海是地球上温度和湿度的调节器。海洋向大气不断提供着热量,海洋自身温度升高了,它提供给大气的温度就多;反之,海洋自身的温度下降了,给大气的热量就比较少。海洋面积巨大无比,它对热的容量比空气大,要是把1立方厘米的海水降温1℃,放出的热量可以使3000立方厘米的大气气温升高1℃。同时,海水是流体,海面的热可以传到深层,使厚厚的海水都来贮存热量。如果让全球海洋里100米深的表层海水降温1℃,放出的热量可供整个地球的大气增温6℃。因此,秘鲁海域海水增温对大气环流的作用很大。太平洋东部和中部的热带海洋,对地球大气的影响就更明显了。它不仅影响了附近的天气,通过大气环流,还会影响到遥远的地方,遍及地球的各处。

气候异常的原因找到了,要是人们

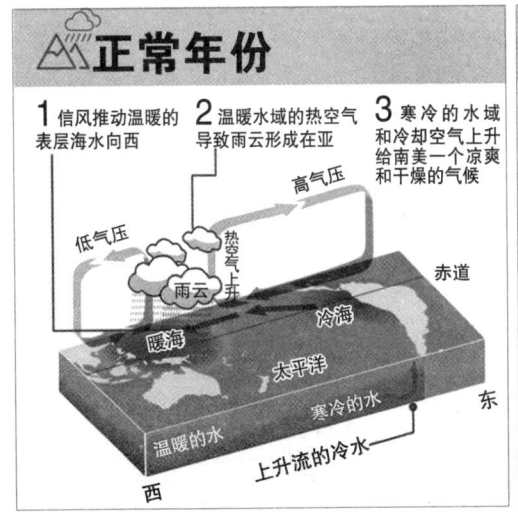

正常年份大气环流

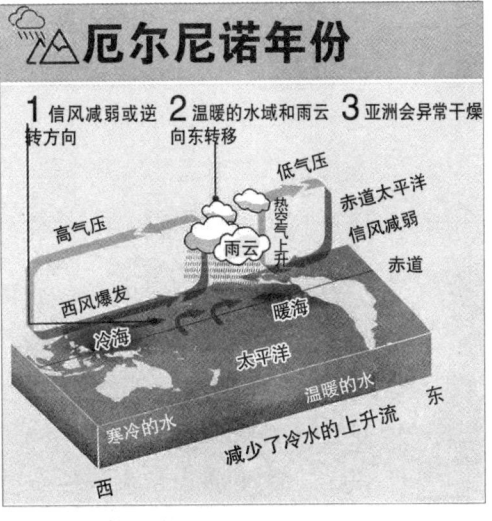

厄尔尼诺年份大气环流

能在厄尔尼诺暖流将要出现的时候预先向全世界发出警报，人们就可以做好避开灾难的准备。可是，厄尔尼诺在哪里呢？时至今日，人们对太平洋中出现的厄尔尼诺现象仍有许多迷惑不解之处。发生厄尔尼诺现象时，那巨大的暖水流是从何处来的呢？它的热源究竟在哪里？

关于这个问题，人们曾提出过种种假说，如其热源来自地心，或是因为海底火山爆发等。但是，往往在没有发生大的火山爆发时，也曾发生过厄尔尼诺现象，因此这种假说不能令人信服。另外，也有人试图从自然现象上找到导致这种现象发生的原因。一些人认为是由于太平洋赤道信风减弱，造成了厄尔尼诺现象；另一些人认为是由于西太平洋赤道东风带的持续增强，造成太平洋洋面西高东低的局面，才形成了厄尔尼诺现象；还有一些人认为，由于东南和东北太平洋两个副热带高压的减弱，分别引起东南信风和东北信风的减弱，造成赤道洋流和赤道东部冷水上翻的减弱，从而使赤道太平洋海水温度升高，最终形成了厄尔尼诺现象……

总之，厄尔尼诺现象的出现，不是单一因素所能解释的，它的形成机理也许是大自然中的水体、大气、天文等诸多因素作用的结果。相信在不久的将来，厄尔尼诺之谜一定能被人们解开，这位可怕的"圣婴"将不再神秘。

（作者：白云；选自《地球起源未解之谜》）

不大温顺的"小女孩"

世间的事物总是成双成对地出现，有了暖就会有冷，有男就会有女。有了厄尔尼诺这个顽劣的"小男孩"，是不是该也有个"小女孩"呢？有的，这个"小女孩"的名字就叫拉尼娜。它是指赤道太平洋东部和中部海面温度持续异常偏冷的现象，正好与意为"圣婴"的厄尔尼诺现象相反，也被称为"圣女""反厄尔尼诺"或"冷事件"。

拉尼娜现象常与厄尔尼诺现象交替出现，但发生频率要比厄尔尼诺现象低。拉尼娜的性情并非十分温和，其强度和影响程度不如厄尔尼诺，但它的到来也可能会给全球许多地区带来灾害。

那么，拉尼娜现象究竟是怎样形成的？厄尔尼诺与赤道中、东太平洋海温

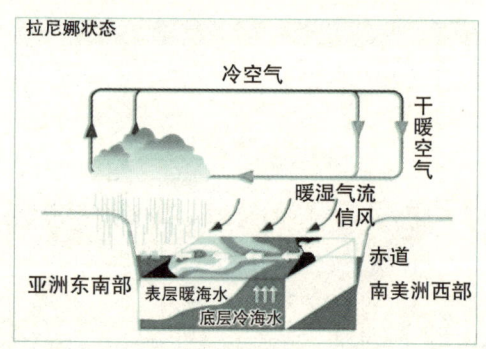

拉尼娜现象形成示意图

的增暖、信风的减弱相联系，而拉尼娜却与赤道中、东太平洋海温的变冷、信风的增强相关联。因此，实际上拉尼娜现象是热带海洋和大气共同作用的产物。

海洋表层的运动主要受海表面风的牵制。信风的存在使得大量暖水被吹送到赤道西太平洋地区，暖水在赤道东太平洋地区被刮走，再主要靠海面以下的冷水进行补充，因此赤道东太平洋的海温比西太平洋明显偏低。当信风加强时，赤道东太平洋深层海水上翻现象更加剧烈，导致海表温度异常偏低，使得气流在赤道太平洋东部下沉，而气流在西部的上升运动更为加剧，有利于信风加强，这进一步加剧了赤道东太平洋的冷水上翻，引发所谓的拉尼娜现象。

通常来说，如果形成一次弱拉尼娜现象，冬季我国除东北和内蒙古东部地区气温可能偏低外，其余大部地区气温以偏高为主；如果形成一次中等到强的拉尼娜现象时，冬季我国除西南及东北部分地区外，全国大部地区气温偏低。2008年的低温雨雪冰冻灾害就发生在中等强度拉尼娜现象的背景下。拉尼娜对我国东北夏季气温也有影响。在拉尼娜年份，沈阳、长春和哈尔滨夏季气温偏高，而在厄尔尼诺年份则往往偏低。东北是我国主要产粮地之一，气温变化对那里的粮食产量有一定影响。拉尼娜对我国华北汛期降水也有影响。拉尼娜年份副热带高压位置偏北，有利于形成华北汛期多雨的大气环流模式。因此，在拉尼娜期间，华北汛期降水量容易偏多。

科学家们一直在密切地注意着"圣婴"和"圣女"的动态，有信心揭开它们的秘密，并准确预报它们的到来。相信在不久的将来，厄尔尼诺和拉尼娜之谜一定能被人们揭开，这对可怕的双胞胎兄妹将不再神秘。

破灭的极地梦

想象一下：艰苦跋涉，头也不回，不畏冻伤与精疲力竭，发誓要成为第一批到达南极的人，结果到达后却发现了其他人的旗子，还有一封恭喜你成为第二名的贺信。这是罗伯特·斯科特与其探险队的命运。更糟的是，他们不只输掉了南极竞赛，还在回程中丢了性命。这支倒霉的探险队的领队人——斯科特队长，在历史上被描述成一位准备不周、经验不足的人。不过，现代气象学者却把这次失败归咎于天气：斯科特在回程时运气不好，当时正值一段反常的寒冷期，气温比历年平均水平偏低6.6℃—6.7℃。

在20世纪初，征服南极洲这块处女

探险队大本营

地的竞赛,跟20世纪60年代美国与苏联之间的太空竞赛一样紧张。争夺首先踏上极地的竞争主要在英国和挪威之间。1911年1月,英国和挪威的队伍双双抵达南极大陆并扎营。10月20日,挪威人亚孟森带领4名队员,分乘4架由爱斯基摩犬拉的雪橇,正式向南极进发了;斯科特则在11月1日也踏上了南极探险之旅。两支探险队在冰天雪地的南极洲,展开了一场争夺光荣与梦想的竞争。

斯科特的队伍发现挪威人留在南极点的帐篷和旗帜

1912年1月17日,斯科特和他饥饿疲惫的队伍终于到达了南极,却发现极点上已插上了挪威国旗。亚孟森等人已经在1911年12月15日踏上那块土地,并已打道回府,回途时正是相对温和的天气,每日最低温大约为-15℃。更糟的是,沮丧的英国探险队即将遭受厄尔尼诺现象的攻击,这样的天气系统影响着南极的天气,造成气温骤降到-40℃。在探险队的整个归途中,气温一直异常的低。气温下降不仅挑战着探险者的体能极限,还让滑道滑行的水膜无法形成,结果他们就像在沙砾上拉雪橇一样。探险队希望能够顺利扬帆回家,于是他们在雪橇上张帆,想利用风力前行。不幸的是,当气温下降时,风也停止了。这些力竭且冻伤的人一天只能走8千米到13千米,而不是他们原先计划的一天行走24千米到32千米。

斯科特的队伍在暴风雪中前行

第一位倒下去的是埃文斯士官,他死于2月17日。一个月后,因冻伤而跛脚的奥茨上尉因不想拖累队友自杀了。剩下的3人挣扎着又前行了16千米，他们成功到达了距离补给站大约17千米的地区，补给站里有他们来时留下的食物及燃料贮藏，但他们却再也无法前进了。他们的营区遭遇了持续一周多的暴风雪侵袭，队员们开始缺乏食物补给，一直挨饿，并遭受坏血病、低温症和衰竭之苦。他们无法在暴风雪中继续前行，只能待在帐篷中等待无法避免的死亡。

埃文斯在帐篷中倒下

"我们的遇难绝对是因为突如其来的严酷天气。"斯科特写道，"我们会忍耐到最后，不过我们愈来愈虚弱了，当然，死亡不会太远了。"这是他的最后一篇日记。1912年11月12日，有人在帐篷中发现了这本日记，以及这些探险家冰冻的尸体。

（作者：劳拉·李，林文鹏、蔡和兵译；选自《天气改变了历史》）

拓展提升

厄尔尼诺/拉尼娜事件的发生，对全球气候影响很大，深受各界关注，但无论是在国际还是国内，具体判别标准均存在分歧。针对这一现状，为了规范判别标准，促进气候业务和相关研究工作的开展，由国家气候中心牵头，通过总结国内外现有厄尔尼诺/拉尼娜事件监测指数，并吸收该领域的最新研究成果，制定了《厄尔尼诺/拉尼娜事件判别方法》国家标准。

一、这些术语你了解吗？

1. 厄尔尼诺/拉尼娜事件

赤道中、东太平洋海表温度（SST）出现大范围偏暖/偏冷且强度和持续时间达到一定条件的现象，是热带海气相互作用的产物。

注：SSTA中心位于赤道东太平洋的，称为东部型（或东太平洋型、冷舌型）厄尔尼诺/拉尼娜事件；SSTA中心位于赤道中太平洋的，称为中部型（或中太平洋型、暖池型、日界线型）厄尔尼诺/拉尼娜事件。

2. NINO3.4区

厄尔尼诺/拉尼娜事件的主要监测关键区之一，代表赤道中东太平洋

（170°W—120°W，5°S—5°N）的海洋表面温度的数值。

3. ENSO

鉴于厄尔尼诺与南方涛动之间的密切关系，气象上把两者合称为ENSO。

4. SSTA（海表温度距平）

海表温度与其气候标准值的差。

二、如何判定是否发生一次厄尔尼诺/拉尼娜事件？

新标准采用了国际通用的NINO3.4指数3个月滑动平均的绝对值达到或超过0.5℃，且持续至少5个月，判定为一次厄尔尼诺/拉尼娜事件（指数≥0.5℃为厄尔尼诺事件，指数≤-0.5℃为拉尼娜事件）。

思考：了解了厄尔尼诺和拉尼娜事件的判别方法，试着查找资料判断一下21世纪以来发生了几次厄尔尼诺和拉尼娜事件。

延伸推荐

1.《趣谈天气》，周家斌著，气象出版社2002年；关键词：天气，气候，气象灾害。

2.《厄尔尼诺》，秦大河主编，气象出版社2009年；关键词：厄尔尼诺，影响，诊断，预测。

3.《厄尔尼诺——来自天道的警告》，张丽欣编著，科学普及出版社2004年；关键词：厄尔尼诺，气候反常，环境恶化，灾害频繁。

4.《图说厄尔尼诺》，于淼、吴雅楠著，吉林出版集团有限责任公司2013年；关键词：厄尔尼诺，成因，危害，预防，人类环境保护。

十二 "河"去"河"从

河流，是自然写在大地上的诗歌，或隽永悠长，或气势磅礴。

河流，是人类繁衍生息的源头，源远流长，绵绵不绝。

尼罗河汹涌澎湃，一泻千里，灌溉着万顷良田，哺育着埃及人民，孕育着悠久的历史，创造了辉煌的人类文明。

但当河水泛滥时，也威胁着人类生存。修建大坝，可以解决洪水的困扰，但会破坏生态平衡。人类对河流的开发和治理到底是对还是错？在发展经济和保护环境的权衡中，人类该何去何从？

让我们打开河流的画卷，触摸地球的生命动脉……

主题阅读

地球上的生命动脉

水是生物的命脉。从古至今，人类都是择水而居，河流对人类的意义非凡。世界文明发祥地也离不开河流，中国、古印度、古巴比伦、古埃及的兴盛，都是人类受惠于河流的见证。河流都给人类带来了什么？让我们一同去探访世界著名的河流，让河流来告诉你。

一、恒河

恒河

恒河是一条重要的经济水道，但更为著名的是它的宗教意义。印度教徒视恒河为圣河，认为以恒河圣水沐浴可以赎罪，许多信徒相信一生中至少要在恒河沐浴一次以净化灵魂，否则他们的人生不能称之为完整。在瓦拉纳西等沿河圣城，每年都举行盛大的沐浴节。

二、多瑙河

多瑙河

多瑙河是欧洲第二长河。它的重要意义在于，作为交通路线和饮用水源，穿越了欧洲（流经欧洲10个国家）。它是重要的国际河流，航运价值很大，水力资源蕴藏丰富。

三、亚马孙河

亚马孙河

亚马孙河是世界上水量最大的河流，是拉丁美洲人民的骄傲。它浩浩荡荡，千回百转，蜿蜒流经秘鲁、巴西、玻利维亚、厄瓜多尔、哥伦比亚和委内瑞拉等国，滋润着800万平米千米的广袤土地，孕育了世界上最大的热带雨林，使亚马孙河流域成为世界上公认的最神秘的"生命王国"。对于定居在这片并不适合居住地区的人们来说，这条河是生命之源，提供水、食物、灌溉等资源。

四、密西西比河

密西西比河是北美洲最长的河流。"密西西比"在印第安语中意为"河流之父"，亦有"老人河"之称。密西西比河是美国内河交通的大动脉，近50条支流可通航，是美国中西部地区的传奇河流。尽管它现在已不再被大量使用，但依旧承载着神话与历史意义。

密西西比河

五、墨累河

墨累河是澳大利亚最大的河流。它对于交通和灌溉至关重要，同时也是各种休闲活动的好去处。对于被海洋和干旱围困的澳大利亚人来说，他们的生命与这条河流所输送的淡水紧密交织。澳大利亚人对它的治理从18世纪末就开始了，可以说这条河在把澳大利亚从荒芜

墨累河

的殖民地变成世界第六大经济强国的过程中起到了举足轻重的作用。100多年来，墨累河的治理经过了"壮举"与"反思"的全部过程，我们可以从墨累河的治理联想到中国许多河流的治理……墨累河所经历的事情，很有可能是中国的河流正在和将要经历的。

河流是生命的摇篮，它不仅具有发电、灌溉、运输等功能，还具有巨大的审美和休闲价值，赋予了宗教和神话价值。我们要充分认识河流，善待河流，让人民的经济活动符合河流的自然规律，共同保护生命之河。

（作者：姜运仓；选自《地球水资源透视》）

泛滥未必等于灾难

尼罗河下游有定期泛滥的现象。一年之中，2—5月为枯水期，河水清澈，此时的河水主要来自白尼罗河。6月以后，由于白尼罗河自上游带来许多腐烂的水草，河水变成了绿色，这预示着不久尼罗河就要泛滥。7月以后，青尼罗河上游连降大雨，水位猛涨，携带大量泥沙冲入河中，此时尼罗河下游水呈红褐色，流量不断增加，并溢出河道，泛滥成灾。11月以后，尼罗河水位下降，又逐渐恢复了原先的平静和清澈。尼罗河下游由于每年洪水泛滥，泥沙淤积，在撒哈拉的黄沙中冲积出一条绿色长廊——尼罗河谷地，并在入海口处形成一个面积约2.4万平方千米的尼罗河三角洲。在这片绿洲上，勤劳勇敢的埃及人民利用尼罗河慷慨的馈赠，创造了光辉灿烂的古代文明。直到今天，尼罗河下游仍是非洲人口最稠密、经济最发达的地区之一。

洪水孕育了绿色的尼罗河谷地

洪水是可怕的。自古以来，人们总是把洪水和猛兽联系在一起，然而，尼罗河两岸的埃及人民则不然。他们不仅不将尼罗河泛滥视为不幸的灾难，而且还虔诚地盼望其泛滥，并于其泛滥之时予以隆重的庆祝。尼罗河泛滥节据说源于这样一个古老而美妙的传说：有一天，女神伊兹斯的丈夫外出遇难身亡，她悲痛欲绝，泪水如暴雨似的洒落到尼罗河里，河水陡然上涨，漫向两岸。人们为了不让女神过分伤心，便吹吹打打，又跳又唱，女神果然破涕为笑。因泛滥到两岸的河水是女神的眼泪，所以凡是河水所到之处，无不生机萌发，五谷丰登。以后，每当尼罗河泛滥，人们便歌舞欢庆。

现如今埃及境内的尼罗河

其实，尼罗河泛滥节之所以成为埃及人民的传统节日，是因为尼罗河和他们的生活、文明有着极为密切的关系。尼罗河洪水退去以后，两岸积下大量淤泥，那是极好的天然肥料。数千年来，两岸的人民利用这种肥料从事农业生产，一年可种三季农作物，尤以长绒棉驰誉世界。世世代代生活在这里的人民，饮水思源，无不感激尼罗河的恩典，视尼罗河为神明。一年一度河水泛滥节的庆祝活动，便是他们这种情感的外现。

尼罗河每年的定期泛滥尽管为埃及人民带来了丰富的水源和肥沃的土壤，但也对人们的生命财产造成了威胁。过去人们只有祈求神灵保佑，今天埃及政府在南部尼罗河流经的阿斯旺地区利用现代科学技术建造了阿斯旺高坝，使尼罗河的定期泛滥成了历史。

（作者：杨勤业；选自《地理博物馆》）

"伟大"造就的绝望

埃及的历史其实就是引水灌溉、沙漠变绿洲的历史。到了当代，为一劳永逸地解决尼罗河年年发洪水的困扰，埃及政府在苏联的帮助下，于1960年在距开罗以南约1000米处的阿斯旺兴建大坝，尼罗河被拦腰截断。然而，尼罗河生态也由此遭受涂炭。

如何使所建大坝取得经济效益的同时又能适应可持续发展，是大坝专家们所追求的目标，但人类却常常在某些追求中陷入尴尬。

当时的埃及政府和水利专家们认为，修建尼罗河高坝是一箭数雕之举。首先，高坝建成后，既可以控制河水泛滥，又能存储河水，以便在枯水季节用于灌溉及其他用途。埃及的可耕地主要位于尼罗河两岸以及尼罗河三角洲洪泛区，建成高坝后可大幅度扩大可灌溉耕地面积，以适应迅速增长的人口。其次，大坝建成后可产生巨大的发电能力，为工业化提供充裕而廉价的能源。再次，修造大坝所形成的巨大水库以及对下游水位的调节，可发展淡水养殖及内河航运。据了解，大坝电站每年发电80亿度，不仅解决了埃及的能源短缺问题，还可提供其他阿拉伯国家使用；水库的巨大容量不仅调节了下游流量,防止了洪水泛滥,还利用蓄积的水量扩大了灌溉面积,使近100万公顷沙漠得以被开垦成可耕地。可以说,当时埃及政府修建阿斯旺大坝的预期目标,都一一实现了。

阿斯旺水坝

阿斯旺大坝曾经是埃及民众和政府的骄傲,可大坝建成后不久,对环境的不良影响日益严重,逐渐改变了人们对它的评价。据悉,大坝建成20多年后,负面作用逐渐显露,并随着时间的推移日益严重。

历史上,尼罗河水每年泛滥携带而下的泥沙无形中为沿岸土地提供了丰富的天然肥料,而阿斯旺大坝在拦截河水的同时,也截住了河水携带而来的淤泥,下游的耕地由于失去了这些天然肥料变得贫瘠,加之沿尼罗河两岸的土壤因缺少河水冲刷盐碱化日益严重,可耕地面积逐年减少,从而抵销了因修建大坝而增加的农田。与此同时,由于没有了淤泥的堆积,自大坝建成之后,尼罗河三角洲正在以每年约5毫米的速度下沉。专家估计,如果以这个速度下沉,再过几十年,埃及将损失15%的耕地,1000万人口将不得不背井离乡。另外,阿斯旺大坝还造成了尼罗河出海口处海岸线内退。河流的入海处因为没有泥沙做补充,海岸逐渐被海水侵蚀,海水的倒灌使一些村庄被海水淹没。阿斯旺水坝拦截了鱼群的食料,因而使下游的水产品产量由每年1.8万吨下降到每年500吨。值得提出的是,在库区有着不少古埃及文物,特别是具有五千多年历史的阿布辛贝勒神庙。这座巨大而且结构复杂的庙宇,原来建造在尼罗河转弯处的一座峭壁上,高坝建成后,这里被淹没在纳赛尔湖底。由于这些古迹是人类文明发展史上的瑰宝,埃及政府极为重视,对这些古迹进行了迁移或保护,投资达1.5亿埃镑,超过水电站的投资。再加之大坝造成的其他生态灾难,损失无以计数。

埃及人这样说:"决定建设阿斯旺大坝的纳赛尔总统是一个伟大的人,决定拆除阿斯旺大坝的人将是一个更伟大的人。"只是,这个更伟大的人在哪里?

(作者:士齐;选自《齐鲁周刊》2011年第22期)

拓展提升

水电开发是实施西部大开发和"西电东送"战略的重要组成部分。目前，长江从东到西的各大支流——岷江、大渡河、雅砻江、金沙江到流出境外的澜沧江、怒江，正在被各个水电开发集团列入"势力范围"，超负荷的水电开发给西部带来严重危机，如地质灾害、环境恶化、生态失衡、文物被毁等。西部生态到了最危险的时候。

随着人类近百年对大坝的不断认识和反思，已证明"水电是清洁和可再生能源的说法"是一种还停留在水电发展初期的肤浅认识。水电大坝是有寿命的，一般为几十年至一百年不等，在此之后由于自身老化和泥沙淤积就要报废拆除。据国外资料介绍，拆坝及恢复江河生态的费用很可能高于建坝，一些废坝往往因为筹措不到足够资金而无法拆除。水能发电在今日世界上已经不再被称为先进的能源生产方式了，而太阳能、风能、氢能、核聚变能等则成为真正清洁绿色和可再生的新能源。

思考：遵循可持续发展的原则，应如何处理好河流开发与保护的关系，使其永续发展，为人类造福？

延伸推荐

1. 《尼罗河的赠礼》，温静著，商务印书馆2014年；关键词：尼罗河，古埃及，起源，文化。

2. 《闻名世界的壮阔河流》，"探索发现"丛书编委会编，四川科技出版社2017年；关键词：河流，古老文明，河流文化。

3. 《大坝·河流》，陈宗舜著，化学工业出版社2009年；关键词：河流，大坝，历史，现状，关系。

4. 《神秘动人的地理谜趣》，荆晓莹、孙翠著，北京工业大学出版社2014年；关键词：江河湖海，山林，岛，地理谜趣。

十三　人口迁移

没有人愿意背井离乡，安居乐业才是人们的梦想。

然而，由于各种各样的原因，人类往往不会总待在一个地方，而是要进行大规模的迁移。从史前时代的游牧部落，到当今席卷世界的移民浪潮，人类迁徙的脚步从来没有停止过。

人类不断的迁徙，改变了世界，也改变了人类本身。

主题阅读

罪恶的"三角贸易"

15世纪末，新航路的开辟和美洲新大陆的"发现"，是殖民史上的一件大事。欧洲各国王室、贵族、商人和海盗，都在追逐黄金的强烈欲望驱使下，筹划海外冒险活动。他们组织船队驶向非洲、美洲、亚洲，凭借着强大的武力，劫掠财物，强占土地，奴役人民，走上了海外殖民掠夺的道路。

其中最为可耻的就是奴隶贸易。奴隶贩子从欧洲出发，乘船到达非洲，在非洲通过各种卑鄙的方式俘获黑人之后，把他们运往美洲，高价贩卖给美洲的矿场主和种植园主，然后把美洲的黄金和工业原料运回欧洲。这样，欧洲的船只在大西洋上进行欧、非、美三角穿梭，循环往复，形成历史上的"三角贸易"。

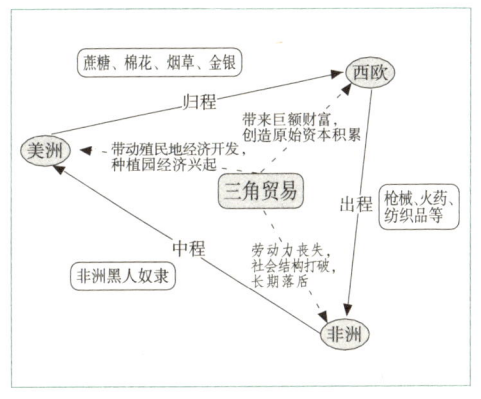

"三角贸易"

最先进行奴隶贸易的是葡萄牙人，但英国人后来居上，成为"三角贸易"的主要经营者。最初，他们偷袭非洲黑人村庄，烧毁房屋，把精壮男子掳走。这种直接用武力掳掠的罪恶勾当，引起了非洲人民的激烈反抗。于是，他们改变方法：由他们提供枪支，挑动一些非洲酋长从事猎奴活动，然后再用弹药、甜酒、纺织品和其他小商品向酋长们购买黑人，卖作奴隶。在非洲沿海，欧洲殖民者设立要塞和商站，将被掳的黑人成串地押往那里的奴隶市场，让奴隶贩子"选购"。买卖双方拍板成交后，奴隶贩子就用烧红的烙铁在奴隶的臂上和胸前打上带有公司纹章的烙印，然后将他们关到要塞和商站的地牢，等凑满一批再赶他们上船运往美洲，再运往黑奴市场供矿场主和种植园主购买。

运奴船中的黑人

运送黑人奴隶的大西洋航线是一条死亡线。从西非到美洲，黑人奴隶要经受6—10周的磨难。首先，运奴船经常超载，一条100吨的船能载运400多名奴隶，船上每个奴隶分得的空间非常小。黑奴一个挤着一个，就像书架上排列的书本一样。每两个黑奴并肩锁在一起，右腿对左腿，右手对左手。每个黑奴躺的地方比棺材还小，活动严格受限制。其次，黑奴生活在拥挤的船舱里，由于船舱里拥挤、潮湿、空气污浊，加之饮食恶劣，天花、痢疾、眼炎等传染病肆虐。奴隶贩子对待患传染病的奴隶，唯一的办法就是抛入海中。正是由于这样恶劣的条件，导致了运送过程中黑人死亡率高达三分之一。没有人知道在波涛汹涌的大西洋海底，埋葬了多少黑人奴隶的骸骨。

奴隶贸易对欧美经济发展影响巨大，是资本原始积累的来源之一。奴隶贸易使大量劳动力投入到殖民地生产工业原料，商业活动又使商业资本的积累不断加大，再加上奴隶贸易本身获取的利润，为工业革命创造了基本条件。奴隶贸易还将非洲文化带到欧美并影响了欧美文化的发展，不论是音乐舞蹈，还是文学艺术，非洲文化都丰富了欧美文化。

然而，罪恶的奴隶贸易带给非洲人民的却是无穷的灾难。奴隶贸易使非洲人口大量丧失，造成了非洲劳动力的严重缺乏，破坏了非洲生产力的发展，使非洲经济发展缓慢，农业、手工业和畜牧业因缺乏劳动力遭到严重摧残。奴隶贸易还使许多非洲国家和部落瓦解，部族、宗教矛盾尖锐，各国之间的民族纠纷不断，为西方进一步侵略和瓜分非洲打下了基础。

（作者：高照明；选自《山西师大学报（社会科学版）》第22卷第4期）

美国西进运动

发生在18世纪末到19世纪末的美国西进运动,是美国历史上一次大规模的移民运动,也是美国人民对西部边疆的经济开发活动。

美国独立后,工业逐步发展,美国的经济市场开始扩大,对原材料的需求日益增加。东部13州的原材料市场十分有限,难以满足日益发展起来的市场需求,同时,随着人口的自然增长和外来移民的大量涌入,可开垦的土地日益减少。为了寻求更好的发展,美国开始把目光转向了辽阔的西部疆域。

在美国西进运动过程中,出现了三次移民高潮。第一次移民高潮出现在18世纪末期和19世纪初期。美国政府颁布了一系列的土地法令并从法国购买了路易斯安那的广大地区,让移民们感到拓殖活动有了保证,于是纷纷涌向西部,开拓俄亥俄、肯塔基和田纳西等地区,为后来日益扩大的中西部产粮区奠定了基础。

第二次移民高潮出现在1815年以后,两股移民朝着两个方向移动。一股是来自沿海地带和德国的移民,他们会合起来,逐步开拓了俄亥俄河以北的整个地区,建立了美国谷物生产和牧畜业的基地。另一股是来自东南部的移民,他们进入了介于佐治亚南部与路易斯安那之间的平原地区。在这个地区,他们逐渐建立了以生产和销售棉花为主的大种植园,从而推动了南部奴隶制经济的发展。

西进运动第一次移民高潮

西进运动第二次移民高潮

第三次移民高潮是伴随着19世纪中叶美国领土的扩张和兼并到来的。当时,美国的领土扩张朝着两个方向继续推进:在西南方面,于1845年兼并得克萨斯,在1848年美墨战争中夺取墨西哥领土的一半;在西北方面,经过与英国的长期谈判,于1846年取得俄勒冈大片土地。最后,这两方面的扩张在加利福尼亚会合，完成对整个大西部的占领。与此同时，由于在加利福尼亚发现金矿，激起涌向西部采掘黄金的移民浪潮。后来，一部分淘金人转而务农或开设店铺，成为加州的永久定居者；另一部分则从加州前往西北部地区勘查矿藏。

西进运动第三次移民高潮

1890年，西进运动正式结束。西进运动彻底改变了美国的面貌：大片荒地被开垦出来，大批资本主义农场建立起来，西部农业的发展为工业的发展提供了大量的粮食、原料、出口产品和国内市场；西部资源的开发利用还满足了工业发展的需要，交通运输业也得到了飞速发展。西进运动还培育了美国人民的拓荒精神，特别是美国在西部大开发中所体现出的不畏艰苦、不断寻找新的土地、新的财富的牛仔精神、边疆精神，后来成为美国人乐观开朗、勇于开拓、探索不止的民族精神。

但在美国人大规模向西迁移、开拓时，他们误以为美国的西部资源取之不尽、用之不竭，因此，他们只注重开发而不注意资源保护，致使自然资源遭到严重破坏。在美国西部开发过程中，由于资产阶级的掠夺本性和联邦政府的漠不关心，生态环境被破坏的规模大、持续的时间长，使森林资源、土壤资源、生物资源等遭到空前的浩劫。

而且在西进运动过程中，印第安人也遭到了屠戮和迫害。印第安人被视为落后和愚昧的象征，而西进运动则被美国白人当作是对落后的印第安人的拯救。这种所谓的文明带给印第安人的是无尽的灾难。从某种程度上可以说，每一支向西挺进的人流都是踩着印第安人的血迹行进的，美国西进运动的历史实际是印第安人的血泪史。

（作者：刘艳林、王朝辉；选自《石家庄职业技术学院学报》2007年第19卷第1期）

寻根大槐树

"问我故乡在何处，山西洪洞大槐树。祖先故居叫什么，大槐树下老鹳窝。"自明朝以来，这首民谣就一直在我国各地民间尤其是黄河下游地区广泛流传，甚至在海外华人、华侨群体中也时常可以听到。洪洞县大槐树之所以成为中华儿女魂牵梦绕的精神寄托，是因为它承载着先人对故土家园的依恋和顾盼。同时，民谣中又分明流露出发生在明朝初年那场大规模移民运动中的血泪情别。

山西洪洞大槐树

元朝末年，政府连年对外用兵，对内实行民族压迫，加之黄淮流域水灾不断，饥荒频繁，终于激起连绵十余年的红巾军起义。元政府予以残暴的镇压，争域夺地的殊死之战时有发生，两淮、山东、河北、河南百姓十亡七八。元末战乱的创伤未及医治，明初"靖难之役"又接踵而至，冀、鲁、豫、皖诸地深受其害，几成无人之地。在元末战乱时，蒙古地主武装察罕帖木儿父子统治的"表里山河"——山西，却是另外一种景象，相对显得安定，风调雨顺，连年丰收，较之于相邻诸省，山西经济繁荣，人丁兴旺。再者，外省也有大量难民流入山西，致使山西成了人口稠密的地区。元朝灭亡后，明朝为了巩固新政权和发展经济，从洪武初年至永乐十五年，五十余年间组织了十八次大规模的移民活动。

晋南是山西人口稠密之处，而洪洞又是当时晋南面积最大、人口最多的县。据记载，明朝时在洪洞城北二里的贾村西侧有一座广济寺，寺院宏大，殿宇巍峨，僧众很多，香客不绝。寺旁有一棵"树身数围，荫遮数亩"的汉槐，车马大道从树荫下通过。汾河滩上的老鹳在树上构窝筑巢，星罗棋布，甚为壮观。明朝政府在广济寺集中办理移民，大槐树下就成了移民集聚之地。

明初从山西洪洞等地迁出的移民主要分布在河南、河北、山东、北京、安徽、江苏、湖北等地，少部分迁往陕西、甘肃、宁夏地区。从山西迁往上述各地的移民，后又转迁到云南、四川、贵州、新疆及东北诸省。如此长时间大范围有组织的大规模迁徙，在我国历史上是罕见的，而将一方之民散移各地，仅此一例而已。明政府推行移民垦荒振兴农业的政策，虽然其目的是巩固封建王朝的统治，但客观上缓和了社会矛盾，调动了农民的生产积极性，使农业生产逐步得到恢复，边防巩固，社会安定。

晚秋时节，槐叶凋落，老鹳窝显得十分醒目。移民们临行之时，凝眸高大的古槐，栖息在树权间的老鹳不断地发出声声哀鸣，令别离故土的移民潸然泪下，频频回首，不忍离去，最后只能看见大槐树上的老鸹窝。为此，大槐树和老鸹窝就成为移民惜别家乡的标志。

拓展提升

2018年5月16日，联合国经济和社会事务部发布《2018年世界城镇化展望》报告。数据显示，到2050年全球城市人口总量将增加25亿，其中中国将增加2.55亿。

报告指出，目前世界上有55%的人口居住在城市地区，到2050年，这一比例预计将增加到68%。新增城市人口中，有近九成将居住在亚洲和非洲，并且高度集中在几个国家，其中印度、中国和尼日利亚合计占到增幅的35%。到2050年，预计印度的城市人口将增加4.16亿，中国增加2.55亿，尼日利亚增加1.89亿。

报告称，城市化进程以及全球人口增长使各国的城市居民数量激增，从1950年的7.51亿增至2018年的42亿。目前，北美是世界上城市化程度最高的地区，2018年有82%的人口在城市居住。亚洲尽管城市化比率相对较低，仅为50%左右，但绝对人口数量更多，拥有全球54%的城市人口。

报告指出，随着城市化不断加剧，各国在满足不断增长的城市人口需求，提供住房、交通、能源与基础设施，以及就业、教育和医疗卫生等基本服务方面面临挑战。了解未来城市化的关键趋势，建立新型城市化发展框架，确保城市化的益处能够人人共享，对于实现2030年可持续发展议程至关重要。

思考题：近年来，我国城市化快速发展，大量农村人口向城市迁移和流动，这种现象会带来哪些问题？

延伸推荐

1.《海上囚徒：奴隶贸易四百年》，[美] 丽莎·A·琳赛著，杨志译，中国人民大学出版社2014年；关键词：奴隶贸易。

2.《牛津通识读本：国际移民》，[美] 哈立德·科泽著，吴周放译，译林出版社2015年；关键词：移民问题，全球化，发展。

3.《世界历史上的移民》，[美] 帕特里克·曼宁著，李腾译，商务印书馆2015年；关键词：移民活动，世界，历史。

4.《他者中的华人：中国近现代移民史》，[美] 孔飞力著，李明欢译，江苏人民出版社2016年；关键词：中国移民，华人，历史。

十四　人种肤色密码

在广阔的地球上，生活着不同肤色的人种，有黄皮肤、黑眼睛的黄种人，还有白皮肤、蓝眼睛的白种人，卷曲黑发、黑眼睛的黑种人。尽管肤色不同，可我们像兄弟姐妹一样，生活在地球这个大家庭中。

你是否想知道人种是如何来划分的呢？是什么因素让世界上出现了不同的人种呢？让我们一起来找寻答案。

主题阅读

人种与地理环境

人种是世界人类种族的简称，是指人类在一定的区域内，历史上所形成的，在体质上具有某些共同遗传性状（包括肤色、眼色、发色和发型、身高、面型、头型、鼻型、血型、遗传性疾病等）的人群。最早的人种分类，是3000多年前古埃及第十八王朝的壁画，它以不同的颜色区别人类，将人类分为四种：第一，将埃及人涂以赤色；第二，亚洲人涂以黄色；第三，南方尼格罗人涂以黑色；第四，西方人及北方人涂以白色。这成为今天将人类分成白种人、黄种人、黑种人、褐色人的起因。

随着社会的发展，世界各国和各个人种之间的交往逐渐增多，人们对世界人种的了解也越来越多。1929年，德国学者伦什首次提出地理人种的概念，把人种的概念规范化、科学化。地理人种是指在相当于洲的范围内，由于地理隔离所形成的在体质、血型系统、免疫系统和遗传基因上都具有一定共性的人群，又称洲区人种，它是包含地域人种和小人种的最大的人种分类单位。地理人种是人群对相当于洲区范围自然环境长期而连续适应的结果，不同的自然环境形成了不同的地理人种。同一地理人种内的不同人群虽然仍有各种差异，但他们的共性要大于差异性。

人种是按什么标准划分的呢？人种的划分不是根据其语言、风俗和国籍的不同来划分，而是根据人群自然体质特征的不同，以及具有某些共同的遗传自然特征为根据划分的。作为自然特征的主要指标是：肤色、眼色、发色和发型、身高、面型、头型、鼻型、血型、遗传性疾病等。

三大人种

一、非洲人种与地理环境

非洲人种俗称黑种人，起源于热带赤道地区，该地区在一年之内受到太阳的直射时间长，气温高，紫外线强烈。长期居住在此地的人群，经长期自然选择，逐渐形成一系列适应性特征：皮肤内黑色素含量高，以吸收阳光中的紫外线，保护皮肤内部结构免遭损害；体表汗腺密度特别大，以便在极度炎热时能维持或迅速恢复正常体温；鼻低宽，鼻孔通道短，嘴唇厚、嘴裂大，体毛少，便于散热；头发像羊毛一样卷曲，使每根卷发周围都有许多空隙，空隙充满空气，空气传热性差，因此卷发有隔热作用，保护头脑不受伤害等。

二、欧洲人种与地理环境

欧洲人种俗称白种人，起源于较为寒冷地区，该地区阳光斜射，光线较为微弱，紫外线也弱，当地居民体内黑色素含量低，皮肤呈浅色；身体较粗壮高大，以减少热量散失；鼻子高窄，鼻孔通道较长，以预热吸进的冷空气；体表毛发稠密，以防寒冷等。

三、其他人种与地理环境

亚洲地理人种即黄种人，起源于温带地区，其肤色和身体特征的适应性具有黑、白两色人种的过渡性。其余地理人种的遗传特征或接近非洲人种，或接近欧洲人种，或接近亚洲人种，这与他们所处的自然环境更接近于哪一个人种的环境有关。

目前，我们虽然还没有对不同地理人种的所有遗传特征的形成和地理环境的关系有一个充分的认识，但我们知道地理环境对不同人种形成的影响是肯定的。不同地理环境条件下形成的人种与这一环境中的其他动植物一样,都已经适应了这一环境,成为自然环境的组成部分,他们共同组成一个有机的整体,互相联系,互相影响。这就要求我们,即使为了人类自身,我们也必须更好地认识和保护我们赖以生存的自然环境,与大自然和谐相处,共同发展。

蓝色人种之谜

在非洲西部一个与世隔绝的山区,一支考察队正在对这里进行自然植被及野生动物的考察及研究。一天,考察队穿行于一片茂密的树丛,忽然,他们看见在树上的缝隙中有几个人影一闪而过。怎么会有人居住在这里?强烈的好奇心驱使着他们要弄个明白,于是队员们悄悄地跟了过去,在不远处他们看见有几个像原始人一样用兽皮、树叶遮体的人,仔细一看竟发现这些人的皮肤是淡蓝色。当这些蓝色皮肤的人发现附近有陌生人后,拔腿就跑,转眼消失在密林之中。

世界上竟有蓝色人种?考察队员们简直不敢相信,他们怀疑是不是这些人的身上涂抹了什么东西才使他们变蓝。于是,他们决定做进一步的调查。经过几天的努力,他们终于发现了这些蓝色皮肤的人。他们竟是一个庞大的家族,居住在洞穴之中,过着原始的狩猎生活。这些奇特的人不但皮肤是蓝色的,连血液也是蓝色的。

没过多久,美国加利福尼亚大学医院的著名运动生理专家韦西,在智利的奥坎基尔查峰海拔6000多米的位置,也发现了适应力极强的浑身皮肤发着蓝色光的人种。韦西说在这样高的山峰上,空气稀薄,含氧量很少,这些奇特的蓝色皮肤的人,却像机灵的猴子一样,行动特别敏捷,令人难以置信。

蓝色人种

另外,据说在非洲撒哈拉沙漠中,也生活着一批为数不多的蓝色皮肤的人。一位美国生物学家在考察喜马拉雅山时,也曾在海拔6000米以上发现了一些蓝色皮肤的僧侣,最令人吃惊的是,这些蓝色皮肤的僧侣,在这空气十分稀薄的高山上谈笑自若,还能做笨重的劳动。

这一系列的发现,向人们说明在地球上除了黄、白、黑这三大人种之外,可能还有其他人种。然而更令人奇怪的是,世界上的黄、白、黑三大人种,无论肤色如何，血液都是鲜红色的，而这蓝色皮肤的人的血液为什么会与他们的皮肤颜色相同呢？

对这个奇怪的现象科学家们做了旷日持久的研究，提出了不同的见解。一种看法是，皮肤的颜色和血液的成分关系密切。红色的血液是由于血液红细胞中含有一种叫血红蛋白的红色蛋白质，因而使血液呈现红色。而蓝色皮肤的人的血液中有一种超高血型蛋白，却缺乏一种控制这种蛋白增长的酶，所以他们的血液呈蓝色，致使皮肤也呈蓝色。另一种看法认为，蓝色皮肤是一种病理状态，在他们的血液中某些化学成分发生了异常变化，这种变化很可能是由于某种特殊病态基因造成的。

一些美国科学家提出：在血细胞内，血红蛋白负责输送氧气，当氧气充足时，血红蛋白会呈现红色，所以常人血液皆为红色；当缺乏氧气时，血红蛋白就会呈现蓝色。蓝色皮肤的人全身蓝色，可能就是高山缺氧所致。他们在研究中发现，蓝色皮肤的人的血液中血红素含量大大超过了正常人，这大概就是他们能适应高山缺氧环境的原因。

还有一些科学家从某些具有蓝色血液的动物身上得到了启发，他们指出在海洋中，有一种大王乌贼和马蹄蟹的血液是蓝色的，海蛸和墨鱼的血液是绿色的。可见，血液的颜色是由血色蛋白含有的元素决定的。含铜元素叫血蓝蛋白，使血液呈蓝色；含钒元素叫血绿蛋白，使血液呈绿色；含铁元素叫血红蛋白，使血液呈红色。从这一理论出发，他们认为蓝色皮肤的人的形成可能与血液中缺乏铁元素而铜元素过多有关。

科学家们从不同的角度出发各抒己见，有的说缺酶，有的说缺氧，有的说缺铁，还有的认为是由基因变异决定的，蓝色血液之谜仍在争论中却难定谜底。

（作者：郑士良；选自《奇闻怪事》2010年第4期）

印度人是何人种？

从身体外表特征看，印度人肤色表现黝黑。从这一表象看，很多人认为印度人是黑种人。然而我们对人种的判定一直采用一种综合的体征标准，以达到确实的亲缘关系。这种标准包括颅面骨骼的各部分形态、发质发色、虹膜色泽，以及其他一些遗传体征。单一的特征很难判定人种，因为其变异和交流可以造成不同原因的相同表现。例如，肤色可能受高紫外线地区的生活环境选择而造成不同的人种都可以有深色的相同表现，不能以肤色深浅判断关系远近。

印度人

其实，在所有体征中，颅面形态相对来说是最好的分种依据，因为其受环境影响比较小，变化范围大，变化以后不易恢复祖先群体的形态。一般来说，黑种人头颅骨周边近似方形，额部较突；白种人头颅骨周边近椭圆形，面部凹凸不平，眶骨深，鼻根低；黄种人头颅骨周边呈三角形，面部较平整，鼻根高。另外，从发型上看，黄种人多直发，棕种人多窄波发，黑种人多旋发，白种人多宽波发。这些特征一直被体质人类学界用以分析人种。印度人的头颅骨周边近似椭圆形，从这一主要区分依据看，印度人肤色虽然表现黝黑，但不是黑种人，而是白种人。

另外，从印度人原居地看，印度人原是居住在黑海和里海附近的雅利安人，在距今4000多年前迁往今日的印度半岛。印度半岛大部分在北纬10°—30°，地处热带，热带强烈的太阳辐射，使今天的印度人皮肤变得黝黑。可见印度白种人的皮肤黝黑，是通过人类迁移后，在新的环境影响下表现出来的。所以说今日印度人大部分是白种人，只有印度南部分布着少量黑种人。

可见，认识人种，既要看外表特征，更要看内在特征及原居地，不然我们将会简单地从外表肤色说印度人是黑种人。

（作者：毛恒禄；选自《地理教育》1997年第1期）

拓展提升

世界上，混血种人最集中的地区位于拉丁美洲。实际上在哥伦布到达美洲之前，拉丁美洲的居民全部是印第安人，整个大陆的种族构成单一。但从16世纪起，西班牙、葡萄牙殖民者开始入侵拉丁美洲，他们的残酷奴役，再加上欧洲的新疾病的流行，造成了印第安人大量死亡。为弥补劳动力的不足，殖民者开始从非洲运入大批黑人做奴隶，移民开始对拉丁美洲的种族构成造成影响。从19世纪尤其是七八十年代起，西班牙、葡萄牙、意大利、德国等欧洲国家开始向拉丁美洲大量移民。在这个过程中，印度、日本、印度尼西亚、中国等亚洲国家，也有不少移民来到拉丁美洲。在大约4个世纪的时间里，大约有3000万移民来到拉丁美洲，使得居民种族构成发生极大的变化。原先的印第安人的比例迅速下降，其他种族人数迅速增多并占据绝对优势，尤其是不同人种的混合与通婚，形成了人数众多的混血种人，其结构之复杂、比重之大，远远超过其他大洲，成为拉丁美洲人文地理最显著的特点。因此，这里被称为世界人种的"十字路口"。

思考：查资料了解美国和巴西的人种构成，谈一下有什么区别。

延伸推荐

1.《破解人种密码》，刘震海著，中医古籍出版社2010年；关键词：人种，肤色。

2.《人种学研究者剖析》，[英]阿曼达·科菲著，任东升、王振平译，中国海洋大学出版社2007年；关键词：人种，种族。

3.《千姿百态的人种》，时墨庄著，中央民族大学出版社1999年；关键词：人种，划分，未来，分布现状。

十五　语言的魅力

在我们的衣食住行中，没有一样能离开语言的沟通与表达。善言会让人感到春日般的温暖，恶语会让人感到冬日般的寒冷。

语言是丰富多彩的，歌唱家用语言唱出优美动听的歌曲，相声艺术家用语言让我们开怀大笑，老师用语言谆谆教导学生，老爷爷老奶奶用简单朴素的语言回忆着往日的岁月。

你知道吗？语言不仅能起到沟通与交流的作用，还能产生巨大的影响力。让我们一起在故事里领略语言的魅力吧。

主题阅读

二战"风语者"

1941年12月7日清晨，日本突袭珍珠港，美军被迫对日宣战。交战初期，美军的密码屡被日军破译，致使其在战场上吃尽了苦头。

就在美军高层焦急万分时，1942年初的一天，美海军办公室来了位自称约翰斯顿的美国白人。他提出一个大胆的建议：征召美国最大的印第安部落纳瓦霍人入伍，使用纳瓦霍人的语言编制更

纳瓦霍地区

加安全可靠的密码。在当时,纳瓦霍语对部落外的人来说,无异于"鸟语",非常难懂。军事当局决定选取纳瓦霍语作为代码,主要是因为该语言的语法和音质对于非纳瓦霍人而言几乎是无法学习的,而且该语言没有书面形式。

约翰斯顿曾跟着父亲在纳瓦霍地区传教,他是为数不多能流利使用纳瓦霍语的非纳瓦霍人。他向美国海军演示了纳瓦霍语在20秒内将一条3行长的信息加密、传输、再解密的全过程,而当时的其他方式则需要30分钟才能完成同样的过程。震惊的美国海军认定这是件"了不起的事",但还是做了一次评估。评估显示,当时世界上只有少数非纳瓦霍人能熟练地用这种语言,而这些人中没有一个是日本人。于是,美军答应协助约翰斯顿实现这一构想,开始招募纳瓦霍土著新兵。

1942年5月5日,经过严格的选拔和培训,内兹及另外28名新入伍的纳瓦霍族年轻人组成海军陆战队第382野战排,受命编写密码。这是美军第一支少数民族情报部队,人称"风语者",他们的使命是创造一种日军无法破解的密码。他们从自然界中寻求灵感,设计了由211个密码组成的纳瓦霍密码本。因为纳瓦霍词汇中并不存在军事术语,他们便将常用的军事术语和原始的纳瓦霍词汇对应起来。例如,猫头鹰代表侦察机,鲨鱼代表驱逐舰,八字胡须则代表希特勒等。密码设计完成后,美海军情报机构的军官们花3周的时间力图破译一条用这种密码编写的信息,终告失败。就这样,被美军称为"无敌密码"的纳瓦霍密码终于诞生。密码本完成后,这29名"风语者"被锁在房间内长达13周,每个人必须背会密码本上的所有密码,然后将密码本全部销毁,以免落入敌人手中。

"风语者"

在接下来的战斗中,美军使用"人体密码机"造就了"无敌密码"的神话:他们编译和解译密码的速度比任何密码机都要快;他们成功地从飞机或坦克等移动目标上传递密码;因为他们的语言没有外族人能够听懂,他们开发的密码从未被日本人破获,保全了太平洋战场上成千上万的美国士兵。

二战结束后,军方认为这些密码员可能会再派上其他重要用场,不宜暴露,因此他们奉命回到家乡。因为涉及军事机密,他们在战后一直对自己的过去保持沉默。每当孩子们问："爸爸，第二次世界大战的时候，你都干了些什么？""风语者"总是缄默不语或简单地回答："我是个话务员。"无论是战争影片的描述还是战争史实的记叙中，都不见纳瓦霍人的踪影。直到1968年，"风语者"被美国官方正式解密，这一机密才被公之于世。

2001年7月26日，美国总统小布什为沉默了半个多世纪的"风语者"颁发了美国政府最高勋章——国会荣誉奖章。很久以来都被人遗忘，包括内兹在内的4名白发苍苍的"风语者"流着眼泪领下了这迟来半个世纪的荣誉，而其他的25人早已离开人世。从此以后，内兹开始正大光明地在电视上露面，爱旅行的他还四处演讲，讲述"风语者"的故事。他常说："如果我的国家需要，我还会义无反顾地当名'风语者'。我们在二战期间用我们的母语战斗，我们很骄傲。"

如今，随着现代科技的发展，纳瓦霍密码可能已经算不上高明，"不可破译的密码"神话或许早已被打破，但它走过的那段光辉岁月永远不会被人们忘记。只要是为了和平，历史都会永远铭记。"风语者"已逝，但"风语者"的故事，将永远在风中传唱。

（作者：袁金会；选自《华商报》2014年6月8日）

印度有两种"普通话"

在印度的纸币上，密密麻麻地印着15种语言，英语和印地语印在最突出的部位。在中央政府机构中，英语的使用率为70%，印地语为7%；在文字传媒中，英语报刊占18.7%，印地语报刊占27.8%。由于城市人口来源复杂，人们在社交场合大都习惯使用英语。

印度钱币上的文字

英语成为印度的普通话与英国的殖民统治有关。印度历史上最后一个王朝——莫卧儿王朝衰落后，各个土邦王国相互争斗，英国人乘虚而入，通过武力镇压和经济手段，在1765年确立了英国对印度的殖民统治，并推行英语教育，然后挑选精通英语的印度人为自己服务。法尔斯特在《印度之路》中说："印度人喜爱神祇，于是英国人就摆出了神的姿态。"英语在印度逐渐成了权力和地位的象征。

1947年,讲着流利英语的印度人赶走了英国殖民统治者,但新政府打算抛弃英语时遇到了巨大阻力。印度的民族主义者认为,语言统一是国家统一的重要标志。1949年,印度议会制定宪法时,规定印地语为印度唯一的官方语言,并用15年的时间取代英语。这一决定遭到南方民众的抗议,因为讲印地语的人口在印度北方占96.7%,在南方却不足0.1%。南印度人担心,一旦印地语成为唯一的官方语言,非印地语地区有被边缘化的危险。

1965年1月26日是印度共和国纪念日,也是宪法规定放弃英语的日子,印度南方举行了大规模的罢市等抗议活动,一些印地语标牌被砸碎或涂黑,两位抗议者自焚。借助维护地区权利和文化而迅速崛起的政党纷纷发表抗议声明,泰米尔纳德邦的德拉维达进步联盟表示,若把印地语确定为唯一的官方语言,泰米尔纳德邦将宣布自治。时任总理夏斯特里权衡再三后做出让步,他在全印电台宣布了政府的5项决定:每个邦都有权选择自己的邦语言;邦与邦之间的交流可以用英语或附上英语译文;非印地语邦可以用英语与中央政府传递信息;中央政府机构继续使用英语;全国文官考试使用英语。此后,印地语和英语成为印度的官方语言。

(作者:张讴;选自《环球时报》2005年3月21日)

语言问题困扰瑞士

瑞士人口不过800余万,却有四种官方语言,即德语、法语、意大利语和罗曼什语。一位瑞士前联邦主席曾自嘲道:"瑞士人之所以融洽相处,是因为相互听不懂对方的话。"在经济繁荣期,这句俏皮话尚可博得一笑;而在经济不景气的今天,人们不禁为由此产生的负面影响深深忧虑。前瑞士联邦主席德拉姆拉曾担忧地说:"罗曼什语、德语、意大利语、法语,是灌溉瑞士的四条河流,我们应加强四条河间的联系,促进理解。"

瑞士联邦是在不同地区和种族愿意在一起共处的基础上建立起来的,实行联邦制,推行独特的"直接民主"。瑞士的民主制度极为烦琐,重大举措往往要通过"全民公决"来决定实施与否,瑞士人自称为"直接民主"。如瑞士1978年曾就是否实行"夏时制"举行公民投票。政府原想通过实行"夏时制"使瑞士同大多数欧洲国家的夏季时间一致起来,结果却被否决了。因为农民抱怨"夏时制"打乱其工作习惯,母亲们更是激烈反对说那样孩子们上学要起得更早,而晚上却不肯提前睡觉。瑞士有些州,一年中有一半的星期日用来对某个问题进行投票!政治体制方面的权力尚且如此分散，其他方面就更甭说了。例如，一个瑞士人首先是他所在村镇的居民，其次是州的公民，最后才是联邦的管辖民；学校开学日期和学制因州而异，即便是同一语区亦如是；日内瓦与洛桑相距不过60千米，司法程序已不尽一致；税收方面一个村镇的税率可比邻村高出2倍！瑞士人自己就发过感慨称，"瑞士人共同生活的模式始终没有定型"。瑞士法语作家拉缪曾为此哀叹："向一个并不存在的人民解释问题，是多么令人难以忍受的差使！"特别是在一些跨越两种语区的地方，困难就更大。有些地方甚至城区、郊区、工业区、农村和山区的语言各不相同，可见瑞士的语言状况有多么复杂，而由此产生的各语区利益间的矛盾和纠葛更不是三言两语就能讲清的。由于战后瑞士人的生活水平长期居于世界最高，民族团结尚不构成问题。但近些年来，由于经济停滞、失业增加、财政收支恶化，在蛋糕分配不均的情况下，问题就显现出来了。特别是法语区和德语区之间在一些重大问题上的看法存在明显差异。如在外交政策、军队前途等问题上，甚至在诸如行车系安全带这类鸡毛蒜皮的小事上，有时亦会争论不休。

瑞士有65%的人讲德语，但德语区居民一直喜欢用掺杂了多种地方方言的特有的当地德语，以有别于德国。这种被称为"土德语"或"瑞士德语"的发音和标准德语相距甚远。一次，电视节目主持人问一位德语区著名剧作家讲何种语言，时方脱口而出："伯尔尼语。"瑞士德语在街头和工作场所极为普遍，现已开始在学校、企业主管部门、议会，甚至电台和电视台普及。广告用语早已方言化，书面用语也已被这股浪潮波及。伯尔尼地区的报纸刊登用土语撰写的连载小说，卢塞恩报则用地方话发表了介绍电子时代景况的文章。就连宗教亦受到这股浪潮的影响。

越来越多地使用方言对通讯的各语体之间的沟通不利。如一个法语区的人到巴塞尔和伯尔尼两个双语城市用法语可以畅通无阻，但到苏黎世用德语别人就很难懂了，人家一般用土语或英语回答他。瑞士德语很难学，因为每个地区都有其方言，不用说德国人听不懂，就连瑞士人自己只要住得距离远一些，交流起来就有麻烦。中国有句老话叫"百里不同俗"，在瑞士则是"百里不同语"了！

联邦政府出于"语言和平"的考虑，制定了关于语言的宪法条文。其本意是维护瑞士的四种语言并存体制，同时使公民选择语言的自由和语区原则具体化，但法语区不同意，担心德语区居民移居法语区后要求在法语区开设德语学校。议会在讨论时把法案文本做了淡化处理。1995年3月公民投票通过的法案，只提采取措施保护意大利语和罗曼什语，同时要求联邦政府鼓励"各语区之间的理解和交往"。新法案的首要目标是扶持罗曼什语。但该语言只在格劳宾格州的山谷中使用，使用该语言的人口仅占全国人口的0.6%。

拓展提升

世界语的创造者柴门霍夫1859年出生于波兰一个犹太家庭，这是波兰东部一个小镇，居住着犹太人、日耳曼人、波兰人、俄罗斯人，民族纠纷与矛盾时有发生。幼年的柴门霍夫便认为，通过创造一种平等、中立的语言，可以增进各民族之间互相了解，消除彼此之间的隔膜和仇恨，实现天下大同，人类一家。

柴门霍夫先后掌握了波兰语、俄语、德语、拉丁语、希腊语、法语、英语、乌克兰语，从16岁起开始研究国际语，在19岁完成了世界语的初步方案。柴门霍夫的新语言并不被接受，他的理念也被认为是妄想，父亲甚至烧掉世界语的有关资料，但柴门霍夫从未放弃过自己的梦想。

世界语是一门饱含理想的人造语言，它期待任何人通过掌握这门第二语言，便可以畅通无阻地交流，而这门语言本身又是平等、中立，不属于任何民族的。它的理念获得了很多进步人士的赞同和支持，世界语运动也成为进步文化运动的一部分。

思考：为什么世界语流行不起来？为什么英语是世界上使用范围最广的语言？

延伸推荐

1.《世界语言简史》，[德]汉斯·约阿西姆·施杜里希著，吕叔君、官青译，山东画报出版社2009年；关键词：人类语言，产生，发展。

2.《语言帝国：世界语言史》，[英]尼古拉斯·奥斯特勒著，章璐等译，上海人民出版社2016年；关键词：语言，故事，历史。

3.《世界语言生活报告（2016）》，教育部语言文字信息管理司组编，商务印书馆2016年；关键词：语言政策，语言冲突，语言危机，语言保护，语言教育，语言传播。

4.《语言本能：人类语言进化的奥秘》，[美]史蒂芬·平克著，欧阳明亮译，浙江人民出版社2015年；关键词：语言，进化，奥秘。

十六　民居本天成

江南水乡的斜顶民居，黄土高原上的生土窑洞，热带雨林中的高脚竹楼，沙漠草原中的毛毡帐篷，严寒北极的圆顶冰屋，游牧印第安人的棚架，西伯利亚和阿拉斯加的木屋，地中海沿岸和中东山区的石板住宅，西非和南亚的苇草泥屋等，都是没有建筑师的适应地理环境的建筑杰作。

民居是世界传统建筑的宝贵遗产，它的诞生与发展，与自然地理、气候、地形地貌、资源和社会政治、经济、文化、心理、习俗等复杂多变的综合因素密切相关。

主题阅读

气候与民居

由于世界各地的气候差异，不同地区在气温和降水上有不同的特点，为了适应各种各样的气候，人们建造了不同形式的房屋。房屋形式的差异，一方面反映了各地区不同的气候特点，同时也是人类智慧的重要反映。

例如，世界各地的民居形式和结构都是根据不同的气候而变化的。以中国为例，南方地区多雨，房屋多为尖顶或人字形的屋顶，避免屋顶积水而漏水；东南沿海渔村的屋顶多用渔网罩顶或取大石压顶，也有用粗大的方木钉在马口铁皮的屋顶上，用来防止夏季台风掀掉屋顶；北方地区因降雨稀少，多为平顶房。

再如，各地房墙也各具特色。在秦岭以北的关中地区，以土墙泥顶居多；在秦岭以南的陕南地区，多为砖墙瓦顶；在陕北地区，气候冬冷夏热，人们则利用黄土高原的地貌特点，开挖窑洞居住，因窑洞具有冬暖夏凉的优点，恰能克服气候的不利影响。在新疆还可见到半卧式住房，房子一半在地下，那是为了抵抗热风沙的袭击。

另外，各地的气候不同，门窗制作也大有讲究。在潮湿炎热的地区，为了通风降温，门楼较为高大，房间多窗；北方地区冬季寒冷，房屋建得较密闭以保暖；北极圈内的因纽特人则因地制宜，居住在用冰块砌成的冰屋中，能起到很好的保暖作用。

以下介绍几种在不同气候条件下的民居类型：

1. 赤道两侧的热带地区，终年高温多雨，炎热、潮湿是该地区气候的主要特点，房屋就要尽量考虑通风和降温。例如，太平洋上的岛国西萨摩亚，农村住房用一根根树干围起来，成圆形或椭圆形，顶上覆盖着椰子叶，房子没有墙，四面通风。

西萨摩亚小屋

2. 热带沙漠地区，空气干燥，晴朗少云，白天受到阳光强烈照射，气温迅速升高，晚上气温又迅速下降，昼夜温差很大。为了适应这样的气候，撒哈拉沙漠的房屋有着厚厚的泥墙，没有或只有很小的窗户。这样，白天可以减少太阳热量的传入，晚上可以使热量不会迅速散失。

3. 热带季风区，如中南半岛和我国云南省西双版纳地区，气候炎热，雨量丰沛，尤其在雨季更加潮湿，地势较低的地方很容易积水。所以，当地盛行一种高脚屋，下层作为畜舍，上层住人，既凉爽通风，又可使住房较干爽，还可以避蛇兽的侵害。

东南亚高脚屋

4. 我国东部季风区，夏季多偏南风，高温多雨，冬季多偏北风，寒冷干燥，所以房屋尽可能坐北朝南。在江南多雨地区，屋顶坡度大，以利泄水；窗户也大而多，以便通风。

沙漠中的厚墙小窗房

江南房屋

5. 我国东南沿海的城市，如广州、厦门等地，街道两旁的房屋，从二楼延伸到人行道上，成为一道行人廊，广州人称为"骑楼"。这是为了对付夏季阳光的强烈照射和阵阵对流雨。行人在骑楼下来往，既可遮阴又可用来避雨。

广州骑楼

6. 亚洲温带草原上的蒙古包，是用厚实的毛毡和毛皮制成的帐篷，容易拆卸和捆扎成包，这是为了适应游牧生活而创造的房屋形式。温带草原夜间气温低，蒙古包封闭比较严密。

蒙古包

7. 我国塔里木盆地干旱地区，深居内陆，远离海洋，降雨极少，房屋不用考虑泄水问题，所以屋顶是平坦的，可以利用来曝晒粮食。晾房是吐鲁番盆地中富有特色的建筑。在南美利马地区的房屋也是平顶的，屋顶围上围墙，即可成为露天仓库。

新疆民居

8. 生活在北极圈附近的因纽特人，常用雪垒成砖，做成圆顶雪屋。房屋做成后，在室内烧一把火，雪砖就会融化，将砖间的空隙密封，再在雪下挖一个通道进入屋内。这种雪下通道使冷空气不易进入室内，而暖空气却可聚集在圆顶屋内。因纽特人常爱半赤裸居住在圆顶屋内，屋里只留一小孔通气，由于圆顶屋密封得好，人的体温和一小盏油灯的热量，就能使室内温度升高。

北极冰屋

小桥、流水、人家

乌镇是江南水乡风貌最具代表性特征的地区之一，其"小桥、流水、人家"的规划格局造就了这里人与自然和谐的居住环境。它以其深邃的历史文化底蕴、清丽婉约的水乡古镇风貌、古朴的吴侬软语民俗风情，在世界上独树一帜，驰名中外。

乌镇

乌镇为浙江省北部桐乡市所辖，位于两省（浙江、江苏）三市（嘉兴、湖州、苏州）的交会处。春秋时，乌镇曾为吴疆越界，战事频繁，吴国驻兵于此以防御越国，故得名"乌戍"，而"乌"字的由来则是因此地土质色深黛而肥沃。乌镇是一座保存相当完整的江南水乡古镇，东、西、南、北四条老街呈"十"字交叉，构成双棋盘式河街并行、水陆相邻的古镇格局，体现出江南依水建市的特点。

乌镇繁盛时分五栅，即东栅、西栅、南栅、北栅、中栅，实际上就是由十字河形成的十字街，河侧为街。北栅衰落较早，以西栅最为兴盛。乌镇因以水稻和养蚕为主业，所以还保持着一些江南农村的风情和建筑格局，尤见于西栅老街。那些店面和房屋的样式还有一种"老通宝"时期的遗韵，100多米长的街上布满了大大小小的茶馆。老街路面都由长条石板铺成，以木做门面。现存用排门板的大多是商铺，大的铺子三、五、七开间，小店只有一个开间。沿河的只有一进，下店上宅，另一侧则是前店后宅，并有宅户四五进的大府第。沿街店铺都注重店面装饰，横梁常雕有花饰、人物花草，各家都不一样，这是当时工匠们展现手艺的机会，也形成了乌镇老街的一大特色。

石板老街

乌镇街道上清代的民居建筑保存得相当完好，这些古民居依河而建，与河上的石桥共同构成了小桥、流水、古宅的江南古镇风韵。当地的居民至今仍住在这些老房子里。古建筑的梁、柱、门窗上的木雕和石雕工艺精湛。

乌镇民居的另一大特色是临河的吊脚水阁楼，这些水阁挑出河沿，下部以木柱或石柱支撑。这是充分利用水面以减少陆地上土地的占用，所谓占水不占地。因为乌镇古代河面没有陆上管得严格，居民就钻了这个空子。另外，靠近河边的人家多备有小船，在住房上搭起水阁，屋下就留有了一个泊船的地方，一家如此，家家仿效。这些水阁悬空于水面之上，显得格外轻巧、空透。河沿有石级入水，水阁楼上开启着长窗，尽量接近水面，充分体现了水乡居民的亲水感情。

乌镇文风蔚然，名家辈出，中国现代著名作家茅盾就出生于此，他的许多散文、小说都描述了当年乌镇的风土人情。乌镇的水乡之盛、风景之美、历史文化之浓郁，令人游赏不尽！

（作者：谢宇；选自《异彩纷呈的民居建筑》）

信仰的烙印

俄罗斯是一个具有浓厚宗教传统的国家。在历史上，无论是最初的多神教还是后来持续久远的东正教，都在俄罗斯的广袤土地上找到了繁殖的土壤。它们的传播带给俄罗斯的不仅仅是宗教的信仰，还涉及政治、经济和文化艺术诸多方面，并以其强势的姿态给社会和生活打下了深深的烙印。建筑艺术在俄罗斯的繁荣和发展也见证了这一历史演变进程，并以其各个时期的艺术形式和建筑风格昭示出这种演变的真实风貌。俄罗斯的建筑艺术光芒虽然不及拜占庭和西欧，但在汲取它们经验并有所创新的基础上，也特色鲜明，体现着东正教建筑文化的魅力。

公元988年，符拉基米尔大公在俄罗斯接受基督教（因基督教在11世纪才正式分裂为天主教和东正教，所以此处称为基督教，实际上就是后来的东正教），并将之定为国教。大公不仅自己接受洗礼，还强行命令基辅居民跳入第聂伯河，接受希腊神父的洗礼，这就是历史上著名的"罗斯受洗"。它标志着俄罗斯民族文化历史发展的一个新的里程碑。俄罗斯接受基督教，一方面，俄罗斯的社会经济和政治转向了一神教的形式；另一方面，俄罗斯开始接近欧洲的基督教文化艺术，在文化发展方面有了巨大的转变和突进。俄罗斯真正的建筑艺术时代开始了。

在10世纪以前，俄罗斯虽然有了丰富的木建筑传统，却还没有建造大型的石建筑物的经验。自俄罗斯受洗以后，从拜占庭传入了石建筑技术，开始在俄罗斯大规模地修建基督教的祭祀场所——教堂。这对今后的俄罗斯的石建筑的发展创造了极为有利的条件。宗教成为俄罗斯建筑艺术等的动力因素，建筑的发展与宗教地位的演变是分不开的，因为包括建筑在内的俄罗斯艺术大都受到宗教文化的浸染和极为深刻的影响，这些艺术于是具有了为宗教服务的性质。

圣瓦西里大教堂，建于 16 世纪

据历史学家的考证和建筑史界公认的标准来看，俄罗斯的教堂建筑风格被称作斯拉夫式教堂艺术风格，以与拜占庭式教堂艺术风格相区分。它是拜占庭式教堂艺术与罗马教堂艺术、古罗斯神庙建筑艺术相结合的产物，包括了三个时期不同风格的教堂艺术，即古罗斯、俄罗斯和当代俄罗斯特点的教堂艺术。有记载的古罗斯时期建造的东正教教堂有 400 多座，它们都是古罗斯教堂艺术成就的结晶。而具有俄罗斯特点的教堂则数以万计，它们也都是俄罗斯艺术家和匠师们的精心创作。

圣母升天大教堂，建于古罗斯时期

俄罗斯各地耸立的教堂似乎在诉说着昔日宗教势力强大而无所不能的辉煌时代。我们在仰望与赞叹它们高超的建筑艺术的同时，不能不联想到历史上对建筑发展起到推动和取向作用的东正教等宗教因素。正是宗教的发展推动了艺术载体与现实需要的教堂建筑的不断创新与超越。

拓展提升

日本位于世界的东方，地处亚欧板块和太平洋板块交界处的环太平洋火山地震带上，这样的地理位置造成了日本的地质构造极其不稳定，地壳活动极其频繁，是多火山、地震的岛国。另外，日本四面环海，还经常遭受台风和暴雨袭击。恶劣的环境加上人口多、国土面积小、资源紧缺等原因，形成了日本崇尚自然的建筑观，并不断地发扬光大。

日本木屋

日本地震多，因此防震是房屋建筑开发商重点考虑的问题。在日本，一般民用住宅都是两三层，建筑材料大多采用木质材料，柱脚全部嵌有用橡胶特别制成的缓冲垫，这样就大大减轻了地震时房屋倒塌对人体可能造成的伤害。日式木房屋的内外墙体和屋顶中间夹层有保温层，外墙体配有双层木墙板，为四季居住设计，冬暖夏凉。日本人比较喜欢大屋顶，有些民居的屋顶甚至比整个房屋高出二分之一。

思考：同样是木屋，分布在东南亚的高脚屋是在什么因素影响下形成的？

延伸推荐

1.《中华民居——传统住宅建筑分析》，刘森林著，同济大学出版社2009年；关键词：民居，自然环境，社会，生活。

2.《中国民居建筑艺术》，陆元鼎、陆琦著，中国建筑工业出版社2010年；关键词：中国民居，历史文化，艺术。

3.《中国民居建筑》丛书，李晓峰等主编，中国建筑工业出版社2009年；关键词：中国民居，聚落形态，文化传承，民居类型。

4.《世界民居：最让建筑师留恋的35个传统住宅》，白海军等编，化学工业出版社2014年；关键词：地理适应性，建筑经济性，民族文化性。

5.《世界住居》，[日]布野修司著，胡惠琴译，中国建筑工业出版社2011年；关键词：住宅，起源，发生，发展。

十七　舌尖上的地理

"一方水土养一方人"，地理环境的差异性，对形成丰富多样的饮食文化起到了至关重要的作用。

海边以海鲜著称；江湖边以河鲜著称；山区则以野味和山珍著称；干旱区的牛羊肉少膻味，瓜果菜质量佳。

由于东西方有着不同的饮食观念，饮食文化也会出现不同程度的差异。造成这些差异的原因是什么呢？

主题阅读

中国饮食文化

中国饮食文化的魅力在于它丰富的创造性，这得益于中国复杂多样的地理环境。从热带到寒带，从海滨到高山，交错的地貌和气候使这里物产丰富，食料广泛，促进了人们对食物的选择，使餐桌上的肴馔丰富多变。

影响饮食文化的自然地理环境因素主要有以下几个方面：

1. 地形地势因素

我国地形复杂多样，其中山地占33%、高原占26%、盆地占19%、丘陵占10%、平原占12%，有利于因地制宜发展农、林、牧、副多种经营。山区面积广，占全国总面积的2/3，不利于发展种植业，但森林、水能、草场等资源丰富，森林里植物资源丰富，淡水水产鲜美，草场上牛羊肥美。在地势上，我国的地势特点是西高东低，呈三级阶梯分布，有利于海洋水汽深入内陆形成降水，促进内陆动植物的发展。

牛羊肉

2. 海陆位置因素

我国是海陆兼备的国家，东部濒临世界上最大的大洋，便于发展海洋渔业。因此东部沿海地区盛产鱼虾，沿海省份如山东、福建、广东等，以烹饪海鲜闻名。另外，海洋水汽深入内陆，使我国有广大的湿润半湿润地区，有利于种植业的发展。越往内陆，人们能食用到的海洋鱼鲜资源越少，水网密布的地方人们以淡水渔业为主，在山地或森林地区则多食兽肉。

3. 气候因素

受纬度和海陆位置影响，我国形成了典型的季风气候。夏季炎热多雨，雨热同期的气候对农作物的生长十分有利。冬季寒冷干燥，人们发明腌、渍、酱、泡等方法来制作各种腌菜，如咸萝卜条、糖醋蒜、酱黄瓜、酱八宝菜、泡洋白菜、泡辣椒等。肉类食物用腌制或烟熏的方法来储存，如熏鱼、熏鸡、熏肉、腌鱼、腌肉等。水果可制成糖制品，如蜜饯、果脯等。这样加工既可以达到长期保存的目的，又能使香味浓郁，口味极好。

熏鲅鱼

中国饮食追求味道协调，但不同地方的人的口味却千差万别，这是因为

金华火腿（腌肉）

中国饮食文化具有明显的地域性差别。一个地方饮食文化的建立与它当地的物产、气候、历史文化、宗教等因素都密切相关，比如西南以辣去湿，北方多食咸肉以御风寒，海疆岛屿则多食咸鲜海产，缺盐地区则以酸辣中和碱食。从北到南，口味由咸转淡；从西到东，口味由辣转甜；从陆到海，味道由重转轻。

日本饮食文化

谈到日本的饮食文化，可以说已从追求饱食进入追求美食，进而发展成追求愉悦的心情阶段。如今科学技术的发展已使季节变得越来越不分明，然而日本人珍惜季节风味的心却始终不变。一般西方人的观念，日本食品只有牛肉火锅或样子古怪之寿司，而日本食品于近年来已经众人皆知、世界闻名了。很多游客到日本也懂得去品尝新鲜的生鱼及肉质鲜嫩的炸虾，更有部分游客已做好准备去日本享用各种各样的传统美食的打算。

一、日本饮食文化的概况

日本饮食一般可分为主食和副食，米是主食，蔬菜及鱼等为副食。中世纪至明治时期，日本人受到佛教思想的影响，对肉食有所禁忌，所以很少食肉。明治以后，这种禁忌才得以消除。第二次世界大战以后，日本饮食中也普及了面包等面食类。随着经济的发展和西方文化的不断渗透，肉类和乳制品等的摄取也大幅增加，再加上速食食品的普及，使日本人的饮食生活愈发多样化。料理的方式主要有煮、炸、烤以及凉拌菜等，同时搭配有味噌汤（酱汤）、腌酱菜（渍物）等。现在的副食之中也有许多西洋料理或中华料理的搭配。日本料理的特色是生、凉、油脂少、分量少、种类多、颜色好看，而且非常讲究食器的选择。日本饮食文化的特点，包括：色自然、味鲜美、形多样、器精良。

稻米自古以来作为日本人的主食，是日本人生活中不可缺少的食物。目前，日本全国各地都可以种植水稻，主要产地在日本关东与东北地区。每年春季开始种植水稻，到了10月中旬，当年产的稻米便开始出现在人们的饭桌上，这在日本被称为"新米"，著名的品种有"越光""竺锦"等。

二、料理系列

1. 怀石料理

怀石料理是比较有名的日本料理。按照字面来解释，就是怀中抱着石头。据说很久以前，修行僧一天只能在上午吃一顿饭，到了晚上就会又冷又饿，所以僧人们想到一个方法，就是把加热的石头（温石）抱在怀里。后来人们就把仅仅填满空肚子、加热身体的清淡的素食和简单少量的食品叫作怀石料理。实际上这源自禅宗，而禅宗和茶道又有深远密切的关系，所以也把只在喝茶之前吃的一些简单的饭菜叫作怀石料理。怀石料理简单而雅致，同时非常讲究环境的优雅。

酱汤与米饭

怀石料理

2. 寿司料理

寿司是日本人非常喜爱的食物，日本人常说"有鱼的地方就有寿司"。日本四周环海，各类时鲜鱼类为寿司的制作提供了丰富的素材。

传说生活在亚热带地区的人们，为了把吃不完的鱼保存下来慢慢食用，便将煮熟的米饭放进收拾干净的鱼肚内，将其放于坛中埋入地下，经此种方法处理过的鱼可长期保存，并且经过发酵产生一种略带酸味的鲜味。这就是日本寿司的原型。

日本寿司

在日本比较有代表性的乡土寿司有北海道、青森县的鲑寿司。鲑寿司是将新上市的生鲑鱼片与萝卜、胡萝卜一道加饭和曲渍制而成。萝卜寿司是日本最具代表性的腌鱼类寿司。青花鱼寿司是日本京都的代表性寿司，是举行葵祭和时代祭时不可缺少的美味食品。

3. 生鱼片

谈到日本料理，不可不介绍生鱼片。在日本，并不是所有的鱼都可以做生鱼片的。从习惯上来说，日本大众只喜欢吃用鲔鱼、真鲷、比目鱼、竹荚鱼、水斗、青花鱼、墨斗鱼、章鱼等制作的生鱼片。

生鱼片

日本生鱼片所用材料最普及的是鲔鱼。鲔鱼跟其他鱼最大的不同在于每一条鱼的肉质都不同，因此价格差异很大。真鲷鱼是制作生鱼片的主要原料，不少讲究吃鱼的日本人认为，鲷鱼生鱼片真正好吃是在杀了数小时之后。他们认为，鱼之所以好吃是因为氨基酸在死鱼僵硬后达到最高点。当然也有的日本人认为用生鱼宰杀后马上做成的生鱼片好吃，是由于僵直前的鱼肉有脆感。

自古以稻米为主食的日本，以稻米为基础形成了丰富多彩的饮食文化。怀石料理、寿司料理、生鱼片等各具特色的日本料理，渗透在人们的日常生活中，使日本的饮食文化大放光彩。一些简单的饮食习惯，也体现了大和民族的民族精神。一份日本料理，小至一份小点心，大至一套典雅的怀石料理，无论是哪一类型的食物，全部都是那样精致，那样有所坚持，日本料理以它独特的风格，以及秉承着各种的坚持，总是能在世界各地找到立足点。日本国内料理的多元化，加之对于外来食物的高接受度，使日本形成了多姿多彩的饮食生活。

（作者：孙璐；选自《西安社会科学》2010年第4期）

英国人的饮食习惯

英国是一个西欧国家，位于欧洲大陆西侧的大西洋上，其纬度在北纬50度以北，因受北大西洋洋流的调节及西风终年的吹拂，形成了冬暖夏凉、终年有雨的温带海洋性气候。英国人栽种饲料作物及牧草，并发展酪农业，但是，由于其本身的粮食及畜牧产品均不足以自给，需要依赖进口，因此，英国人在料理烹调上多少都受到外来的影响。不过，英国本身也是个历史文化悠久的国家，所以他们在料理上还是保留了原有的传统饮食习惯及烹调技巧。

英国人一般较喜爱的烹饪方式有烩、烧烤、煎和油炸，对肉类、海鲜、野味的烹调均有独到的方式。他们对牛肉有着特别的偏好，如烧烤牛肉，在食用时不仅附上时令的蔬菜、烤洋芋，还会在牛排上加上少许的芥末酱；在作料的使用上则喜好奶油及酒类；在香料上则喜好肉冠、肉桂等新鲜香料。

较为大家熟知的英国料理有牛肉腰子派、炸鱼排、奶油鸡等。英国人喜欢狩猎，在一年只有一次的狩猎期中，就有许多饭店或餐厅会推出野味大餐，如野鹿、野兔、雉鸡、野山羊等为原料的菜品。而一般烹调野味时，均采用杜松子或浆果及酒，这种做法是为了祛除食物本身的膻腥味。

英国人对早餐非常讲究。英国餐馆中所供应的早餐种类繁多，有果汁、水果、蛋类、肉类、麦粥类、面包、果酱及咖啡等。时下所流行的下午茶也是源

英国流行的下午茶

自英国，较知名的有维多利亚式，内容可说是包罗万象，包括各式甜点、松糕、水果挞及三明治等。晚餐对英国人来说也是日常生活中最重要的一部分，他们选择的用餐时间通常较晚，而且都是边吃边喝边聊，以促进用餐人之间的感情，一顿晚餐对他们来说可能要花上好几个钟头。

早餐

传统的英式早餐有煎培根、香肠和煎土司，这叫作"煎食"。但现在多数人都很忙，没办法每天都吃这种丰盛的早餐，所以现在最流行的早餐种类有：一碗玉米片加牛奶，一些酸奶加新鲜水果，土司涂果酱。通常在早餐时喝茶、咖啡或果汁。

英国人仍在周末享用传统的英式早餐。各个旅馆或饭店，尤其是大家所熟知的家庭式旅馆，都会供应传统的英式早餐。

早餐

午餐

英国人的午餐用时很短，通常只需三四十分钟，许多英国人喜爱吃三明治，或许是因为三明治是英国人发明的。通常人们早上在家做好三明治，然后在午餐时间食用，三明治就是英国人的便当。同样受欢迎的午餐还有烤马铃薯。

午餐

点心在英国相当普遍，特别是巧克力，一般会在上午约十一点和下午三点食用。英国的儿童是世界上吃甜食最多的，这使得英国牙医非常忙碌。

晚餐

晚餐是一天中的主餐，且通常有两道菜——肉或鱼加蔬菜，之后有甜点（也就是布丁）。英国小孩都知道在吃布丁前要把肉和蔬菜吃光。

冷冻熟食在英国相当普遍，几乎每个家庭都有微波炉，且通常英国人（尤

晚餐

其是学生）会买一份冷冻熟食，放进微波炉加热，边看电视边吃——这叫作吃"电视晚餐"。外国食物也相当受英国人的欢迎，超市里摆满了琳琅满目的印式、中式、意式、希腊式和日式食物——事实上是来自世界各地的食品。晚餐后通常要来上一杯茶（当然要加牛奶）。

拓展提升

"不怕辣，辣不怕，怕不辣"，这是民间对四川、湖南、贵州三地吃辣程度的描述。这三个短语意思差不多，可是，三个地方的人仍为争"怕不辣"这顶桂冠，闹得不可开交，谁也不肯接受其余的两个封号。

其实，喜辣的食俗多与气候潮湿的地理环境有关。我国南方地区受气候和地形的影响，冬天阴冷潮湿，导致人的体表湿度与空气的饱和湿度相当，汗液难以排出，时间久了，还易使人患风湿寒邪、脾胃虚弱等病症。吃辣椒浑身出汗，汗液当然能轻而易举地排出，所以经常吃辣可以驱寒祛湿、养脾健胃，对健康极为有利（对当地人而言）。

思考：通过对南方人喜欢辣椒的描述，探究山西人爱吃醋的原因。

延伸推荐

1.《世界饮食文化》，赵红群编著，时事出版社2006年；关键词：饮食，文化。

2.《世界风情小百科：居住·饮食》，李丽华著，经济科学出版社2013年；关键词：居住，饮食。

3.《舌尖上的新年》，陈晓卿等著，中信出版社2016年；关键词：年夜饭，文化。

4.《中国饮食文化》，胡自山等编著，时事出版社2016年；关键词：饮食，文化，菜系。

5.《图说中国古代饮食》，杜文玉、林兴霞编著，世界图书出版公司2013年；关键词：饮食文化，膳食结构，饮食器具，节日食俗。

十八 地球村里故事多

"我和你,心连心,共住地球村。为梦想,千里行,相会在北京。来吧!朋友!伸出你的手。我和你,心连心,永远一家人……"

地球村里,70多亿居民生活在各具特色、形态各异的国度里。

地球村里,国家不是孤立存在的,总是与其他国家发生着不同程度的联系。

让我们一起去感受地球村里的精彩吧!

主题阅读

世界上稀奇古怪的国家

一、没有农业的国家

俗话说:"民以食为天。"一个国家如果没有了农业,是不堪设想的。而地处地中海沿岸、三面被法国领土包围的摩纳哥,就是一个没有农业的国家。

摩纳哥

摩纳哥是世界上面积最小的国家之一,国土东西长仅3.5千米,南北最狭窄处不足200米,面积为1.9平方千米,人口2.8万。全境都是高大建筑和现代化的生活设施,唯独没有可耕之地。该国的财政全靠邮票业、旅游业和赌场及关税的收入。

二、没有泥土的国家

地处太平洋上的瑙鲁共和国,有"无土国"之称。它是一个由珊瑚形成的岛国,面积仅24平方千米,人口1万多。千万年来,在这里栖息的数不清的海鸟给岛上留下了厚厚的鸟粪,完全掩盖了土地。鸟粪经过长期的化学变化,形成了一层厚达10米的优质磷酸盐层,因而没有一寸泥土。该国的经济以大量开采和出口磷酸盐为支柱,粮食、果蔬及各种生活日用品都依靠进口。

"鸟粪之国"——瑙鲁

三、没有水的国家

科威特大部分国土是沙漠，没有河流、湖泊，连人们的饮用水问题也无法解决。

科威特成为世界著名的石油开采国纯属偶然。自古以来，科威特人都渴望找到饮用水。20世纪50年代他们到处钻井寻找，没有发现饮用水，却找到了蕴藏在地下的石油。当时人们并不把石油当一回事，但正是石油帮了科威特人的大忙。他们依靠出口石油的收入，建造了一些大型海水淡化厂，解决了居民的部分饮水问题。一旦遇上炎热高温或旱季，科威特仍需进口淡水，而一升饮用水要比一升石油贵上好几倍，称得上"水比油贵"。

科威特的海水淡化

四、没有统一语言的国家

大洋洲的岛国巴布亚新几内亚，是一个多民族的国家，全国356.1万人口，98%是美拉尼西亚人。他们没有统一的语言，据调查，巴布亚新几内亚境内，各民族语言与方言加在一起至少有700种，按平均人口算，是世界上语种最多的国家，故这里盛传"走出十里路，语言各不同"的说法。

五、没有理发店的国家

梵蒂冈是目前世界上少有的"国中国"，占地仅0.44平方千米，人口约1000人。它与87个国家建立了大使级外交关系，向106个国家和地区派出了教皇代表。梵蒂冈国家虽小，但也有自己的法院、卫队、报刊、广播电台和邮局，有许多规模巨大的建筑物，如宫殿、教堂、科学院等，就是没有一处理发店。人们若要理发，就得出国。

梵蒂冈

六、没有军队的国家

圣马力诺共和国位于欧洲的亚平宁

半岛,四周被意大利领土包围着,面积为61平方千米,人口2.3万。圣马力诺历来不设军队编制,就连消防队也没有。

在圣马力诺,只有人数不多的警察来维持秩序,因为该国一贯奉行和平政策,没有受到别国的欺凌。一旦发生火灾,就要请意大利的消防队来灭火。

(作者:陆凡;选自《政府法制》2010年第35期)

非洲的穷和欧洲的富

世界银行最近公布了世界上最穷的10个国家和世界上最富的10个国家,世界最穷的10个国家大多在非洲,世界最富的10个国家几乎全在欧洲。

欧洲为什么能够成为世界上最富的地区?首先是工业革命为欧洲的发展奠定了一个良好的基础,从蒸汽机到电动机再到电子工业等都是首先从欧洲大陆开始发展的,爱因斯坦、诺贝尔、牛顿等都出现在欧洲,这使欧洲最快发展成为世界上最富的地区。

欧洲成为世界上最富的地区,另外一个原因是欧洲列强的殖民扩张。从19世纪初期,欧洲列强开始向外扩张,掠夺其他国家,而非洲更是成为西方列强的殖民地,许多黑人成为奴隶被贩卖到欧洲,许多宝藏被列强掠夺到欧洲,一系列的扩张让欧洲的老牌资本主义国家实现了财富的原始积累。

欧洲工业革命

虽然两次世界大战都是从欧洲开始的，但是欧洲的一些国家痛定思痛，渴望消除战争隐患，发挥整体优势。现在，大多数欧洲国家已经结盟，统一货币，统一协调经济政策，各个国家的政治制度比较稳定，此举让欧洲成为唯一和美国抗衡的经济实体。

非洲成为世界上最穷地区的原因，首先在于其历史根源，在于其长期被西方殖民国家掠夺，生产力落后；其次是战争和动乱不停，非洲的一些国家动辄发生政变，民族、种族矛盾突出，几十万人遭受屠杀，更不要谈发展经济了。

科学技术是生产力，这话一点不假，从世界最富和最穷地区的排名榜可以看出，凡是科学技术发展较快的地区，其发展必然较快；凡是科学技术落后的地区，其发展必须会受到限制。要想取得较快发展还必须有稳定的社会政治环境，有一套完善的法律制度保障，否则要想加快发展也就只能成为一句空话。

（作者：朱家强；选自四川在线网站2005年10月18日）

"一带一路"

"一带一路"是"丝绸之路经济带"和"21世纪海上丝绸之路"的简称。它将充分依靠中国与有关国家既有的双多边机制，借助既有的、行之有效的区域合作平台，旨在借用古代丝绸之路的历史符号，高举和平发展的旗帜，积极发展与沿线国家的经济合作伙伴关系，共同打造政治互信、经济融合、文化包容的利益共同体、命运共同体和责任共同体。

"一带一路"贯穿亚欧非大陆，一头是活跃的东亚经济圈，一头是发达的欧洲经济圈，中间广大腹地国家经济发展潜力巨大。"丝绸之路经济带"重点畅通中国经中亚、俄罗斯至欧洲（波罗的海），中国经中亚、西亚至波斯湾、地中海，中国至东南亚、南亚、印度洋。"21世纪海上丝绸之路"的重点方向是从中国沿海港口过南海到印度洋，延伸至欧洲；从中国沿海港口过南海到南太平洋。

"一带一路"倡议的目标是要建立一个政治互信、经济融合、文化包容的利益共同体、命运共同体和责任共同体，是包括欧亚大陆在内的世界各国，构建一个互惠互利的利益、命运和责任共同体。

"一带一路"倡议是要中国与丝路沿途国家分享优质产能，共商项目投资、共建基础设施、共享合作成果，内容包括道路联通、贸易畅通、货币流

丝绸之路

通、政策沟通、人心相通等"五通"。它肩负着三大使命：

1. 探寻经济增长之道："一带一路"是在后金融危机时代，作为世界经济增长火车头的中国，将自身的产能优势、技术与资金优势、经验与模式优势转化为市场与合作优势，实行全方位开放的一大创新。通过"一带一路"建设共同分享中国改革发展红利、中国发展的经验和教训。中国将着力推动沿线国家间实现合作与对话，建立更加平等均衡的新型全球发展伙伴关系，夯实世界经济长期稳定发展的基础。

2. 实现全球化再平衡："一带一路"鼓励向西开放，带动西部开发以及中亚、蒙古等内陆国家和地区的开发，在国际社会推行全球化的包容性发展理念；同时，"一带一路"是中国主动向西推广中国优质产能和比较优势产业，将使沿途、沿岸国家首先获益，也改变了历史上中亚等丝绸之路沿途地带只是作为东西方贸易、文化交流的过道而成为发展"洼地"的面貌。这就超越了欧洲人所开创的全球化造成的贫富差距、地区发展不平衡，推动建立持久和平、普遍安全、共同繁荣的和谐世界。

3. 开创地区新型合作：中国改革开放是当今世界最大的创新，"一带一路"作为全方位对外开放战略，正在以经济走廊理论、经济带理论、21世纪的国际合作理论等创新经济发展理论、区域合作理论、全球化理论。"一带一路"强调共商、共建、共享原则，超越了马歇尔计划、对外援助以及"走出去"战略，给21世纪的国际合作带来新的理念。

拓展提升

亚洲基础设施投资银行，简称亚投行，是一个政府间性质的亚洲区域多边开发机构，重点支持基础设施建设，成立宗旨在于促进亚洲区域的建设互联互通化和经济一体化的进程，并且加强中国及其他亚洲国家和地区的合作。

截至2015年4月15日，亚投行意向创始成员确定为57个，其中域内国家和地区37个、域外国家和地区20个，涵盖了除美、日和加拿大之外的主要西方国家，以及亚欧区域的大部分国家，成员遍及五大洲。其他国家和地区今后仍可以作为普通成员加入亚投行。

亚投行的产生，可推动亚洲基础设施的投资，推动亚洲的经济增长。亚投行不仅仅是一个"修桥"和"造路"的机构，更能在投融资体制改革方面发挥更大作用。亚投行会帮助亚洲和全球经济持续增长，增强全球经济的稳定性。

思考：亚投行成员有哪些？亚投行的成立对成员有什么意义？

延伸推荐

1.《孤独星球Lonely Planet国际指南系列：世界》，澳大利亚Lonely Planet公司编，中国地图出版社2016年；关键词：国家，城市，文化，环境。

2.《国家的世界》，[美]约翰·坎贝尔、[加]约翰·霍尔，中央编译出版社2018年；关键词：国家，发展，挑战。

3.《走近联合国》，李铁城主编，人民出版社2008年；关键词：联合国，历史，现状。